丹羽宇一郎

人間の器

GS
幻冬舎新書
616

まえがき

「人間の器」って何だ？。それを一言でいうのは、難しいかもしれない。

性格でいうのか、能力なのか、考え方なのか。もしくは佇《たたず》まいをさすのか、行動なのか、生き方か……。


会社勤めをしていた頃、この人は細かいことばかりにこだわって森を見ていないなとか、あの人は数百億円の金が絡む仕事でも腹が据《す》わっているなとか、いろいろな人が職場にもいました。

けれども、必要以上に細かいことにこだわる人間が、お金にはとんと執着がなく鷹揚《おうよう》だったり、途《と》轍《てつ》もないお金が動く仕事を平然とこなす男が、些細な人間関係を気に病んだりもする。そうなると、器はどっちが大きいといえるのか、判然《はんぜん》としなくなります。

ただ、誰が見ても間違いなく、この人は器が大きいと感じた人物はほんの数人ですが、いました。いずれも私が尊敬する上司や先輩で、仕事の大きな節目となるタイミングには必ず、こうした人たちに会いに行きました。

彼らに共通するのは、いざとなれば自分を犠牲にしてでも他人を救おうという気《き》概《がい》の持ち主であったことです。覚悟を決めて仕事に向かうその姿に、私は幾度となく心を打たれたものです。

アフガニスタンで用水路の建設や医療活動などに取り組んできた医師の中村哲《てつ》さんは、現地の人々のために一生を捧げました。２０１９年凶弾に倒れたことは残念極まりないことですが、ああいう無私になれる人の器は限りなく大きいと感じます。

「人を測る真の尺度は、自分に何の利益ももたらせない人を、その人がどう扱うかということである」

これはイギリスの文学者であるサミュエル・ジョンソン氏（１７０９〜１７８４年）

が残した言葉ですが、人の器を測る尺度があるとしたら、損得の計算を超えたところで行動できるかどうかにあるような気がします。

人間として生まれてきたからには、自分の命を宿す器は大きくて深いものでありたい。それには、どうすれば自分の心が成長できるのかを考えながら生きていくことが必要です。

本書では人間の器に関係することを、さまざまな角度から綴《つづ》りました。私の80年余りの青臭い体験談がところどころ挟まっていますが、「あなたの器はその程度か」と思ってくだされば、幸いです。常に未完成な人間であるというスタンスでこそ、何事においても努力のしがいがあるというものです。

人間の器の大きさに、限界はありません。あなたのこれからの生きる力に、本書が少しでもプラスになることを期待して、話を始めたいと思います。

2021年2月

丹羽宇一郎

人間の器／目次

写真　山口貴弘
編集協力　高木正明
図版・ＤＴＰ　美創

第1章

「人間力」を高める

人間としての責任を果たす

アメリカの警察官による黒人男性殺害に端を発した「ブラック・ライブズ・マター(Black Lives Matter)」の運動は、ＳＮＳを通じて世界中に広がりました。

この話題について知り合いの編集者と話をしていた際、彼女は、警察の不当な暴力と差別に抗議するデモ参加者の半分以上が白人やアジア人だったことに驚いたといっていました。

日本人の感覚からすると、黒人に対する人種差別は他人《ひと》事《ごと》のように感じますが、アメリカで「ブラック・ライブズ・マター」の運動に熱心に関わっている大勢の白人は、黒人差別を自分ごとと感じています。

アメリカは日本と違って多民族国家ですから、人種の相違を個性としてとらえる感覚を社会が持っているからでしょう。

私がニューヨークに駐在していたとき、白人のある友人は子どもが５人もいる上に、６番目の子どもを養子として迎えていました。養子は黒人でした。私はそれを聞いたとき、失礼にも「何で黒人なんですか？」と尋ねてしまいましたが、彼は「なぜそんなことを聞くの？」と不満げに「僕の家は部屋が10室あるし、子どもは多いほうがいいんだよ」と冗談を飛ばしました。

友人は子どもが大好きで、6人どころか、お金さえあれば人種は問わず、何人でも子どもが欲しかったそうです。

アメリカには奴隷制時代の名残を心の中にとどめているような人もまだいますが、彼のように差別意識を抱いていない人もたくさんいます。

「ブラック・ライブズ・マター」の運動は、たしかに多くの日本人にとっては他人事かもしれません。でも本当に他人事なのかといえば、そうではないと思います。なぜならこの問題は、人種差別問題にとどまるものではないからです。これは誰しもが持っている、自由に生きる権利に絡む問題なのです。

生きる権利を理不尽に侵すことは、何人《なんぴと》にも許されることではありません。「ブラック・ライブズ・マター」の運動の根底には、黒人差別だけにとどまらず、普遍的なこの権利を訴えようとする意志が込められているのではないでしょうか。

そう考えれば、「ブラック・ライブズ・マター」は日本人にとっても、決して他人事ではありません。

日本の社会にも在日外国人に対する制度的な差別や偏見はありますし、家族形態のあり方や障害の有無によって、基本的な人権を毀損《きそん》する法律や慣習、社会制度は探せばいくらでもあります。「ブラック・ライブズ・マター」は対岸の火事ではないのです。

「ブラック・ライブズ・マター」の例と同じく、海外で起こる一見無関係に思えるさまざまな事象や出来事は、何らかの形で大なり小なり、日本に暮らす私たちにも関係してきます。

わかりやすいのは環境問題です。たとえばオーストラリアのグレートバリアリーフでは珊瑚の死滅が大きな問題になっていますが、このことは単にオーストラリアの海の問題ではありません。

これは地球規模で起こっている気候変動と密接な関係があることであり、グレートバリアリーフで起こっているのと同質のことは、日本の海でも起こっています。

近年多発している集中豪雨などの異常気象や不漁といったことは、すべて地球温暖化に伴う気候変動が大きな原因です。環境問題は目に見える形で地球規模で広がっているので、どこの国で起きていようが、他人事ではないのです。

では、たとえばシリア内戦のような国際紛争は他人事かどうか？

シリア内戦には、ロシア、アメリカ、中国といった大国も軍事支援、武器供与などで関わっています。まさに、そこでは大国のパワーゲームが繰り広げられているわけです。

こうした国際政治の力学の中、アメリカや中国とも深い関わりのある日本が、何の影響も受けないわけはありません。

またシリア難民は欧州で右派ポピュリズムが台頭する要因になっていますが、この現象は世界を覆う大きな流れになっています。そう考えれば、ニュースで映し出されるシリア情勢やシリア難民の姿はテレビを見ている日本人と、どこかでつながっている。その意味で、やはり他人事ではないのです。

グローバリズムの急速な進展により、遠い国の出来事であっても、それは何らかの形で自分ごとでありうるという事態が、加速度的に増えています。

またたく間に世界中を覆い尽くした新型コロナウイルス感染症は、そのことを端的に表しています。

自分にできることは何かを考え、行動する。これは同じ時代に生まれた人間として行う、必要最低限のことだと思います。

さまざまな問題について何も考えず、行動せず、のほほんと暮らしていると、必ずや足をすくわれる。そういう意識でいることが、同時代に生きる人間としての責任ではないかと思います。

自分にしかできないことを、やる

「人の行く裏に道あり花の山」

これは投資の世界での有名な格言です。みんながこれは買いだと思って一斉に買いに走ったら売ることを考え、反対に流れが売りに向かい総悲観の様相を見せているときは、買い場を探る。投資で利益を得るには、人と同じような発想をしていてはダメだという経済の一つの教訓です。

空気を読んで付《ふ》和《わ》雷《らい》同《どう》することには、「赤信号、みんなで渡れば怖くない」という安心感があります。集団行動をする上では、それも多少必要なことかもしれませんが、いつもそのような姿勢でいるのは問題です。

人は皆、それぞれ顔が違うように、その人にしかない個性を持っています。個性が違うのだから、もちろん生き方も違ってしかるべきです。よく考えれば当たり前のことですが、人は易きに流れやすい生き物ですから、つい皆と同じような無難で楽な道を選びがちです。

安心だからといって人と同じような道を選んだり、ことあるごとに人の真似をしたりするような生き方では、その人自身の人生を生きているとはいえないでしょう。

そもそも皆が皆、人と同じことをいつもしていたら、人間に進歩はありません。科学の発明も、新しい文化も、社会を変えるようなビジネスも生まれません。人とは違うことをやるから、常に新しいことが生まれ、社会は発展していくわけです。

人間として生まれたからには、ときには自分にしかできないことを見つけて、実行してみる。それくらいの気概があってこそ、その人らしい人生になっていくのではないでしょうか。

イギリス在住のコラムニストで保育士のブレイディみかこさんは、保育士の重要な仕事は、子どもが皆と違うことをやり始めたら、それを止めないことだとおっしゃっています。こうした行動がクリエイティビティの発芽になるからです。


日本人はよく空気を読むといわれますが、空気は読んでも、それに従う必要はない。これは違うと思えば、自分の道を行けばいい。自分を貫くためには、あえて空気を読まないことだって大切です。

人と違うことをするには、ときには勇気が要ります。いろいろな分野でパイオニアといわれる人は皆、勇気を持って人とは違う道を進んだはずです。最初の頃は結果が出なかろうが、気にしない。常識や慣行にとらわれていては、新しいものは生まれません。

ソニーを創った盛田昭夫氏も、ホンダの本田宗一郎氏も、誰にも真似のできない、世の中の役に立つことをしようという志を常に持って、仕事をしていたに違いありません。日本の企業は横並び意識が強く、同業者の出方を見ながら前に進む傾向があります。しかし、業界の慣例や前例にとらわれていては、画期的なビジネスも生まれません。

私が社長になった際に誓ったことは、悪しき慣行や前例は捨て、本当に会社の成長につながることであれば周りが反対しようと、それを実行することでした。その一つが膨大な不良資産の一括処理でした。

旧態依然とした組織の改革も、私が強くやりたかったことです。たとえば、男性優位の雇用状況を改善するために、女性役員を将来3割にするという目標を掲げ、有能な女性社員が重要なポストにつけるように人事評価のシステムを変えることもしました。

後任人事に関しては「スキップ・ワン・ジェネレーション」と称して、一世代スキップした年代の幹部から後継社長を選ぶ若返り策を公言しました。組織全体の若返りを狙ったのです。

これまではトップが後継者を選ぶとき、自分と同年代かそれに近い人たちの中から選ぶことが慣行になっていましたが、これでは評価システムをいくら変えても、必然的に年功序列システムの悪しき部分を温存してしまうことになります。変化の激しい環境にあって、トップは時代の先を読む若々しい発想と情熱、強い心身がなくては生き抜いていけません。

私の後任には、商社業界の中ではもっとも若い当時55歳の最年少役員を7人抜きで抜擢しました。年功序列を排した人事は、役員、幹部においても断行し、この新人事制度を導入した後の２００４年には40代の役員も誕生しました。

社長時代、さまざまなことを思い切ってやれたのは、常識や慣行にとらわれて周りと同じことをやっていては、組織もダメになるという強い危機意識があったからです。

こと社長に就任した際は、会社そのものが非常事態にあったので、なおさらそういう気持ちを強く持っていたのだと思います。

企業社会にはダイバーシティ（多様性）が必要ということが昨今、盛んにいわれるようになりました。年齢、性別、国籍、学歴、職歴などの多様性があるほど、企業組織はポテンシャルを高め、しなやかな強さを持ちえます。さまざまな「違い」を持つ人間が一つのことを協力してやると、とんでもない力が生まれたりします。

違いがあるからこそ互いに刺激を受け、創造的な化学変化が起きるのです。同じような考え方をしている人や感覚が近い同年代の人とばかりつき合っていては、発想も行動も画一的になっていき、個性もどんどんなくなっていくものです。

人は人と違うからこそ、生きる意味があります。その人にしかない個性を大事にして、人とは違うことをやってみる。ろくに努力しないうちからオンリーワンを気取っても仕方ありませんが、他でもない自分の人生を生き抜くには、常識や周りの空気にとらわれることのない発想をし、それを行動に変えていくしか方法はありません。私自身、そんな姿勢を忘れないようにしたいと思っています。

何が起きても「それがベスト」と考える

私の知り合いで、がんになってから病気にまつわる日記を書き始めた人がいます。どうやって治療をし、がんという病といかに向き合っていくか、ときどきの思いや考えを記録に残すわけです。

「がんの治療が始まって1カ月、がんという病気に対するイメージは当初と少し違っているな」「もしかしたら転移があるのかもしれない。そのときはどうするか？」など、その日その日に感じたことや気づいたことを丁寧に書く。

命に関わる病気にかかってしまったことは、そこだけを考えれば、理不尽な気持ちにかられると思います。

しかし病気や治療に対する心情や考え方を綴ることで、自分の今の姿をある程度客観的に見ることができる。それによって気持ちが落ち着いたり、先々についての考えも整理されるかもしれません。

病院には自分と同じようながん患者がたくさんいる。2人に1人はがんにかかるといわれている時代、がんで悩み、苦しんでいるのは自分だけじゃない。そんなふうに客観的にとらえることが、理不尽だと感じている気持ちを和らげてくれるのでしょう。

何でこんな目に遭うのかと理不尽に感じる出来事は、生きていればいくらでもあります。

しかし、起こってしまったことについて、あのときあそこに出かけなければこんなトラブルに巻き込まれずにすんだのになど、ｉｆ《イフ》の仮定を想像しても仕方ないし、誰かのせいにしても始まらない。すでに起きてしまったことに対してジタバタしても、事態は何も変わりません。

たまたま話す機会があったある宗教家の方は、どんなに大変なことが起きても「ありがとう」と感謝するといっていました。交通事故に遭って大怪我をしても「ありがとう」、仕事で大きな失敗をしても「ありがとう」と思うようにしているのだそうです。

私は大変な出来事に感謝するような気持ちにはなかなかなれませんが、困難と感じる状況でも、それを受け入れることは大切だと思います。

自分の身に起きたことは、すべてその時点でのベストだと思うようにする。

ここでいうベストというのは、さまざまな可能性がある中での最善の状態という意味ではありません。

どのような形のものであれ、自分の考えや行動に基づいた結果、起こったことに変わりはありません。すなわち、やってきた状況は、その時点ではそれしかなかったという意味でのベストということです。

棋士の羽生善治さんと対談をした際、印象的なお話をうかがいました。対局中、こう指すべきという定跡とは違う手を、どうしても指したくなるときがあるというのです。それが外れた手となって、負けるかもしれない。それでも、羽生さんは指したい手を選ぶといいます。どうしても指したかった手なのですから、それで負けても「これが実力」と思い定め、悔いることはないという道理です。

しかし定跡通りに指して、負けてしまえば、なぜあのとき自分の考えに従って指さなかったのかと悔いを残すことになります。

羽生さんのお話のように、精一杯考えてそうなったら、その結果は思わしくないものでも、その時点での自分のベストだと思うことです。では定跡通りのことをしないがゆえに、よくない結果になってしまった場合は？　その時点では考えがまとまらなかったか、決断できなかった結果という意味で、やはり自分のベストなのです。

すなわち、どのような過程をたどったとしても、自分の身に起こったことは、常にある時点で自分が考えた結果であるから、それがベストだということです。

そう考えることで、何事においても中途半端ではなく、精一杯やってやろうという気になるのです。

「眼には見えないけれど存在するもの」があると自覚する

人間には、見えるものと見えないものがあります。知っているものと知らないものがあります。

実は自分の眼で見て知っている世界よりも、自分の眼では見えない知らない世界のほうが、水面下に隠れた氷山のように圧倒的に大きな割合を占めているのではないでしょうか。

見えない世界とは何も霊とか超自然現象といったことではなく、私たちが人間や生命や宇宙といったものに関してまだ見たことがなくて知らなかったり、理解できていなかったりするものです。

たとえば、物質の最小単位は素粒子ですが、それによって原子が構成され、宇宙のすべての物質は原子でできていると最近まで思われてきました。

ところが最新の研究では、原子からできている物質は宇宙の約５％にすぎず、残りの95％は未知のダークマターとダークエネルギーであることがわかってきた。それが事実なら、人類は宇宙についてほとんど何もわかっていないことになります。

ここ約1世紀における科学技術の進歩は、すさまじいものがあります。それに伴って、人間が処理する情報量は膨大なものになります。

カリフォルニア大学バークレー校のピーター・ライマン氏は２００３年に、ここ３年間の全世界の情報量は人類が30万年かけて貯蔵してきた全情報量以上のものだと語りましたが、その後のデジタル技術の急速な進歩によって、今や人類が持っている全情報量は、さらに想像もつかぬほど爆発的な増加を遂げているはずです。

日々、ネットやテレビ、書物などを通してそのような夥《おびただ》しい情報の一端にふれていると、いろいろなことをたくさん知っているという気持ちになるかもしれません。

しかし、私たち人類がこの世界について知っていることは、やはりごくわずかでしかない。自分たち人間のことですら、大半がまだブラックボックスではないでしょうか。脳科学が発達して、脳のメカニズムについての解説をよく耳にしますが、専門家にいわせれば脳のことだってまだわかっていないことだらけなのだそうです。脳がわからないということは、心のこともよくわからない。

医学の進歩は著しいものがありますが、身体についてもまだ解明されていない仕組みや機能はごまんとあります。他の哺乳類や鳥類と比べ、人間の身体はなぜこのような構造と機能を持つようになったのかということも、よくわかっていないことが多い。

人の身体機能や感覚にはさまざまな制約があるため、それによって感知できるのは、世界をある特定のアングルから切り取った一つの断面にすぎません。

たとえば、視覚や聴覚は一定の周波数の光や音しかキャッチできません。動物には光をとらえる錐体《すいたい》という網膜の中で働く光センサーがあり、人間より錐体の種類が多い爬虫類《はちゅうるい》や鳥類は、人よりたくさんの種類の色調が区別できるといいます。

人間の聴覚ではとらえられない周波数の音を、イルカやコウモリは聴くことができます。人間が知りえない世界像を、自然界の生き物たちはそれぞれに持っているわけです。人間は優れた脳を持った生き物であり、今やこの世界の多くのことは解明されているんだという感覚がもしあるとすれば、それは大きな錯覚でしかないでしょう。

人は知らないことがあるから、好奇心でもって、その未知なるものを求めるわけです。それが理性を発達させ、文明を進歩させてきました。

世の中は知らないことだらけ、わからないことだらけ。そう考えて謙虚になることは、とても大事だと思います。

たくさんのことを知っている。たいがいのことは理解できる――そんなふうに思えば、人間の成長はそこで止まってしまいます。

私は経営者が多く集う講演会で、必ず話すことがあります。

「経営者に必要な条件は、自分は何も知らないという自覚です。無知で未熟な存在だと思えば、学ぶべきことがたくさんあることに気づきます。経営に必須な今の時代の新しい知識や感覚は、そんな自覚があってこそ学べるのです」

トップにいるから偉い。社員は自分より無知で、ものごとをよく理解していない。そんなふうな感覚を持っているトップは経営者失格です。

実際に現場の社員たちと少しでも深い会話をすれば、自分が知らなかったことをたくさん知っていたり、斬新なアイデアを持っていることに気づくはずです。ときには頭を下げて、社員に教えを乞うことがあってもいいのです。

たくさんの人から尊敬され、頭を下げられる立場にいようと、自分はまだまだ未熟者。人間はちょっとしたことですぐ傲慢になる生き物ですから、そのような自覚は常に持っておくべきです。

まずは「自分は何も知らない」ということを自覚する。そのことが、人間が成長していく上で、もっとも大切なことです。

膨大な未知によって、私たちが今立っている世界は支えられている。そんな謙虚な想像力こそが必要なんだと思います。

ベストを尽くすが、反省はしない

「Do your best！」「自分のベストを常に尽くせ！」

私はよくそういいます。日々、その都度、自分にとって最善と思ったことを行う。そう思って、ずっと生きてきました。

年を重ねれば重ねるほどベストを尽くし、仮にそれが不首尾に終わっても、反省しなくてもいい。後悔する必要もない。あくまでもそのときはベストと思ったわけだから、反省してやり直そうとするよりも、行動した結果をちゃんと受け入れる。結果を自分で引き受けさえすれば、同じことを繰り返すことはない。後悔してぐずぐず気に病んでも、時間の無駄です。それよりも、自分はベストと思ってやったんだからと気持ちを切り替え、次にまたベストと思うことをやればいいのです。

自ら実行したことを振り返るとき、中途半端なことをしたなと思うと、割り切れない気持ちになりますが、結果はどうあれベストなことをしたと思えば、次もまたベストを尽くそうと思える。だから、さっと切り替えることが大切です。

取材を受けているおり、これはいう必要がなかったな、ちょっと質問の意図とは違うことを喋ってしまったなと思うときがあります。でも、私は最善を尽くして喋っているつもりですから、そんなことは気にしません。仕事で失言めいたことを喋ってしまっても、まあ仕方ないやで終わりです。いつまでも気にしたり、わざわざ失言をフォローしようとは思いません。

調子が悪くて、いまひとつ仕事がはかどらないこともあるでしょう。でもその人が今出せるベストはこれしかないと思えば、それが自分のベストなのだから、思い悩んでも意味はない。

あるプロ野球の監督は、「スランプなんていうものはない。スランプといって騒いでいるやつは、ただ下手くそなだけ」といっていたそうです。

つまり、選手がスランプだと思っても、それがその選手の実力だということです。人は調子がいいときをとらえて自分の実力だと思いたがりますが、不調のときこそがその人の本来の実力でもあるのです。

私がいう「Do your best!」の文脈でとらえれば、不調もまた、そのときのベストな状態ということになります。

常にベストを尽くして、その結果は引き受ける。結果がよくなくても、それは自分の実力だと潔く引き受ける。「くよくよと反省しない」と決め、常にベストを出したと思えれば、毎日すがすがしい気持ちで眠りにつくことができます。この繰り返しが人生ともいえる。だから私は、くよくよと反省しないのです。

ときに積極的に諦める

昔、ある高名な経済学者の本を読んでいたとき、何度丁寧に読んでも頭に入ってこないことがありました。でも、その学者がテレビなんかで喋っているのを聞くと、けっこう易しい言葉でわかりやすい説明をする。ちゃんと理解ができる。つまり、その人の経済理論そのものは理解できるのに、文章になると途端に理解が難しくなってしまうわけです。これは私の頭に問題があるというより、文章表現に問題があるのだと気づきました。

わかりづらい文章表現をするのは、もしかしたら本人にとって難しくすることが、ある種の権威と思っているせいなのかもしれません。

知り合いにも「あの学者が書いた本、どうだ？」と聞いたら、「あの人の書いたものは難しいから読まないんです」といっていました。もし10人が本を読んで半数以上がわからないといえば、読者ではなく、明らかに著者本人が悪いんだと思います。

経済学者としては評価が高い人物ですから、その人の書いた本を理解できないのは読み手が悪いのでは？　とつい思ってしまう。偉い先生に問題があるとはおそれ多く、想像もできないのかもしれません。

文章に問題があることに気づいた私は、最初の数十ページでこの本を読むのをやめました。

もしこのとき、理解が思うようにいかないけれど世評の高い学者が書いた本だからきっとためになる内容に違いない、そう考えて私が粘り強く読み続けていれば、最後まで釈然としないまま終わり、結局何時間も無駄にしていたことでしょう。

読書に限らず全般的に、何か問題があれば、このように途中で「見切る」のも大事なことだと思います。

「時は金なり」といいますが、時間はお金以上の価値を持っていると考えています。お金は仕事をすれば対価として得られますが、時間だけは何人も買えませんし、失われた過去の時間は、絶対に取り戻すことはできません。

時間とは、人間の「生命」そのものであり、他に代替のきかないかけがえのないものなのです。

ある事柄が自分にとってあまり意味がなく無駄だと気づけば、どこかでそれを見切らなくてはいけません。

「見切る」というのは、「諦める」ことでもあります。何事も「諦めるな」ということはよくいわれますが、ときには積極的に諦めることも大事です。

「諦めない」ことが美徳だと思っていると、途中で投げ出すのは敗北だと感じてしまい、時間を無駄にすることになります。

同じ見切るにしても、私の読書体験のように些細なことなら簡単に見切れますが、人生の進路や仕事に関わる重要なことであれば、そう簡単に諦めたり、見切ったりはできないでしょう。

医学部に進んだものの、成績がふるわず、どうも自分は医師に向いていないと感ずれば、そこでどうするか。ここで医師の道を諦めてしまったら、これまで勉強して努力を積み重ねてきたことはどうなる？　頑張れば、今に道が拓《ひら》けてくるかもしれない。とはいっても、どうも医学の勉強は自分にはしっくりこない……。そんな葛藤に陥ることもあるでしょう。そうなったときに進路変更することは、間違いではありません。仕事は自分の一生を捧げるものですし、そういった違和感は後々大きくなることはあっても、なくなることはあまりない気がします。

仕事で進めているプロジェクトの進行がはかばかしくない。仮にうまく進められても、期待していたほどの結果は得られないかもしれない。そのような場合に思い切って退却することは、選択肢として十分ありえます。

頂上を目指して山に登っているとき、雲行きが怪しくなれば、事故が起きないよう退却する勇気が必要です。それと同じで、進路でも仕事でも進めていることを途中で見切るのは、そこに関わる人の時間やお金を無駄にしないためには必要なことです。撤退する勇気や決断は、ギリシャ・ローマ時代からリーダーにとっての重要な要素でもあります。

時間が無駄になったという経験は、関わっているものへの必要以上の執着から生まれることが多いと思います。

もちろん無駄な経験も多少は必要ですが、無駄が多すぎるのは問題です。繰り返しますが、時間は生命ですから、時間を無駄にするのは、自分の生命を無駄に消費しているのと同じことになります。そうならないためにも、常に「いい見切り」ができる決断力を培うべきだと思います。

やめられない悪癖を一発で直す方法

アメリカに駐在していた時期、私は一日に2箱40本以上煙草を吸うヘビースモーカーだったのですが、35歳くらいの頃、身体のことを考えて禁煙を思いたったことがあります。

習慣になっている煙草をやめるのは難しいもので、いったん禁煙に成功しても、また何かの拍子で復活することが少なくありません。

それは禁煙の手段が、たいてい吸いたい欲求を抑える方向でなされるからだと思います。吸いたい欲求は抑え込んでも、消えるわけではない。むしろ抑えれば抑えるほど、欲求はバネのようにたわんで反発する力が強くなる。

私も最初は意志の力でコントロールしようと思いましたが、何度試みてもダメでした。同僚と禁煙がうまくいくか否か、お金を賭けるようなこともしましたが、ことごとく失敗しました。

そんなことを繰り返すうちに、欲求を意志でコントロールするやり方には問題があると悟ったのです。私が体験して納得した禁煙方法は、それまでとはまったく正反対のやり方でした。

ある晩、アメリカ人の同僚もまじえ、飲みに出かけたときのことです。私は夜更けまでお酒を飲みながら、友人が持っている分も含め、煙草5箱を全部吸ったのです。ところが翌朝、猛烈に気分が悪い。喉がひっくり返ったようで、死ぬほど苦しい。会社に出勤したものの、気持ちが悪くてどうにもしようがない。仕事どころではありません。

それ以来、45年ほどの間、夢の中で煙草を吸い、反省したことはありますが、現実の世界では一本も煙草は吸っていません。たまにお酒を飲んでいるとき一本くらいいいかと思うこともありましたが、あの人生最大の苦痛のことを思い出したら、いくらお金を積まれても、とてもじゃないが吸えない。

頭でダメだとわかっているけれど、気分がよくなるものは、なかなかやめられない。人間にはこうした性質があるならば、私がとった禁煙の方法のように、むしろその気分がよくなることを徹底して死ぬほどやってみるのは一つの手だと思います。

「わかっているけどやめられない」のは結局、頭でダメだとわかっているだけで、身体が納得していないからです。つまり、本当に腹落ちしていない。だからこそ私がとった方法みたいに、ダメなことを、死ぬ思いをするほど身体に徹底して刻み込むより他はないでしょう。

たとえば若い世代の中には、仕事や勉強をしなくてはいけないのにゲームが好きでたまらず、日常生活に支障をきたすほどゲーム依存になっている人がいます。

こういう人は、たとえばほとんど寝ずにゲームを何十時間、あるいは何日もぶっ続けでやってみるといい。頭が朦朧《もうろう》として眩暈《めまい》がし、体調がおかしくなるくらいまでやってみる。そこまでいけば、さすがにゲームのやりすぎはまずいと、身体が気づくかもしれません。

たとえがよくないかもしれないが、ダイエットをして痩せようと思っているのに、甘いものが大好きでやめられない。それならケーキをはじめ、いろいろなお菓子を気持ち悪くなるまで食べまくってみてもいいかもしれません。一日中、普通の食事はとらずに、もうケーキなんか見たくもないというくらい甘いお菓子ばかり胃に入れてみる。身体の調子がおかしくなり、気分が悪くなるくらいまで続ければ、甘いものはもう欲しくないという心境が芽生えるかもしれません。

内容によっては過剰に行うことが身体によくない場合もあるでしょうから、そこは気をつけないといけません。ただ、欲求を意志の力で抑えようとするのに比べれば、ずっと効果があるのではないかと思います。

人は相反する性質を持っている

私は第一印象というものを、けっこう大事にしています。だいたい7割くらいは当たっている。残りの3割は外れているわけですが、この3割は、いい意味で外れていることが少なくない。つまり、第一印象があまりよくなくて「この人は何なんだ?」と最初は思っていたけれど、実際つき合ってみると真面目で仕事がよくできたりして、いい意味で裏切られたりするのです。

もっとも第一印象が悪いときというのは、こちらの調子がよくないときが多い。「今日は疲れているな」というときとか、トラブルがあって気持ちがそちらに向いているときなどは、初対面で会う相手にこちらのメンタリティが少なからず投影されているんだと思います。

「この人は何なんだ?」と相手に感じているけれど、実は「何だ?」と思うべきは自分自身に対してなのです。

第一印象が当たるときは、こちらの調子がよくて直感が冴えているときです。ですから調子がよくないときに初めて会う相手への第一印象は、あまり信用しないほうがいいかもしれません。

あの人は実はこういう性格をしている、こんな意外な面がありそうだ、こんな分析を会う人ごとにする人がいます。私の会社員時代、同僚や上司のことをいろいろと分析して、それを飲み会の席などで披露する人が職場にいました。

相手を分析するという行為は、相手からおかしなことをされないようにするための防衛心理によってなされている気がします。

でも分析したところで、本当にその人のことを理解したことにはならないでしょう。人には実にさまざまな面がありますから、簡単に分析できるものではありません。自分のことですら、よくわからない部分がたくさんあるのですから、ましてや他人のことがどれだけわかるかは大いに疑問です。

人のわかりにくさは、その多面性にあります。非常に真面目だと思っていたら、ある面ではひどくズボラだったり、大胆な性格を持ちながら、ある部分では意外なほど小心だったり、相反する要素を持つ人が多い。

ですから、あの人はこういう人間だと断定することは、その人を一面からしか見ていない浅はかな行為になります。「あの人はこういう人だ」と誰彼なしに言いふらす人は、自分の浅薄さ、浅はかさを吹聴していることになりますから、気をつけたほうがいいと思います。

悪口の言い方に人間性が出る

私は書店の息子ですから、学生時代の一時期、週刊誌を一週間に10冊以上読んでいました。週刊誌には世相のさまざまな断面が面白おかしく取り上げられているので、手っ取り早い社会勉強にもなると考えたのです。

しかし、そのうち、「何で俺はこんなバカげたものを隅から隅まで熱心に読んでいるんだろう」と思い始め、その習慣をぱたりとやめました。

週刊誌の中身は、どれも似ています。企画記事で個性を出したりしますが、そのときどきで話題になっている社会的事件や現象、政治批判、芸能人のスキャンダル、財テク情報など、用意されている引き出しのインデックスはほぼ決まっています。

私は徹底して週刊誌を読んだので、どうやって週刊誌をつくればいいか、そのパターンがすっかりわかりました。この程度なら自分でも取材してつくれると感じるようになり、以来ほとんど読まなくなりました。

ネット全盛の時代、週刊誌にかつての勢いはありませんが、なぜあれほど週刊誌が好んで読まれてきたのかといえば、人間の中にある、理性に抑えられて普段はおとなしくしている「動物の血」を刺激する事柄が書かれているからだと思います。

週刊誌の主な役割は、大衆の下世話な覗き趣味に応えることです。芸能人やスポーツ選手の不倫騒動、皇室のゴタゴタ、政治家のスキャンダル……どちらかというと、人の不幸にまつわる記事が売りものになっている。誰しもが持っている「ねたみ、ひがみ、やっかみ」の感情の受け皿になっているわけです。

つまり大衆を代弁して、週刊誌が有名人の悪口をいいたい放題喋っているようなところが面白いと思われるのでしょう。

先達《せんだつ》て私を訪ねてきた知人が「よく行くコーヒーショップに同じ顔ぶれの主婦グループが来ていて、毎回誰かの噂や悪口を楽しそうに喋って、読書に集中できないんですよ」といっていましたが、ことほどさように、人間は他人の悪口が好きな生き物です。「あの人は人の悪口を一切いわない人だった」と故人を称えることがありますが、「悪口と嘘」をいったことがない人は、この世に一人もいないでしょう。

人の悪口をいいたくなるのは、動物の血を持って生まれた人間の業《ごう》ですから、それを百パーセント抑えることはできないと思います。

ただ悪口には、よい面もあります。悪口をいうことで悪感情のガス抜きになったり、ときにはそこから建設的な批判に発展したりすることもあるからです。

とはいえ、悪口が多いのは考えものです。人間の愚かさやくだらなさといった、ドロドロした部分ばかりに感情が引っ張られてしまうと、「理性の血」が薄まっていきます。

悪口というものに対しては、自分が喋るときも人から聞く際も、ある程度距離感を持つといいでしょう。悪口は、それを話す人の人間性や知的レベルをストレートに伝えてしまうところがあります。誰かの悪口をいうことで、「この人はこの程度なんだな」と評価されてしまう。いったん口から外に出された悪口は人から人へと伝わり、ブーメランのように自分に思わぬ形で返ってくることもあります。

あまり自覚はないかもしれませんが、悪口をいいたくなる相手の嫌な部分は、実は自分自身に対して嫌だと思っている部分だったりします。自分の中にあるのと同じ嫌な要素を相手の中に見つけると、自分で否定している部分ですから、余計に嫌悪や怒りを覚えるわけです。そう考えると、自分が誰かに向けて発する悪口や批判といったものは、自分自身への嫌悪でもあると思っていいかもしれません。

悪口には、そのような性質と構造があるという認識は大事です。そうすれば悪口をいいたくなる気持ちを多少はコントロールできるはずですし、振り返って自らの戒めとすることもできます。

反対に、人から向けられる悪口は、自分が正しいことをしているると信じているなら放っておけばいいことですが、どうしても気になるのであれば、悪口をいう相手にも、その悪い要素があるのだろうと思って眺めればいいのです。悪口とのつき合いには、コツが要るのです。

お金に執着すると人は離れていく

お金は浮世を渡っていく上でとても大事なものですが、それを目的にしてはいけません。お金がこの世でもっとも価値があるかのような風潮が続くと、お金をたくさん得ることが人生の目的だと信じる人が多くなります。

しかし、お金はあくまで生きていくための手段にすぎません。あくまで心や生き方を豊かにする手段であって、目的ではない。手段と目的を取り違えてしまってはいけません。

「金は天下の回りもの」という言葉がありますが、皆が皆、お金を得ることが目的になってしまえば、お金はスムーズに回らなくなってしまいます。よりよい人生を送るための手段と考えてお金を使うことが、お金のめぐりをよくし、社会を豊かにするのです。

今はお金がなくて貧乏かもしれないが、いずれお金が入ってくるからしょぼしょぼするな。反対に今はお金があっても、いずれお金がなくなるときも来る。だから有頂天になったり驕《おご》ったりしなさんな。お金があっても謙虚に生きなさい――。「金は天下の回りもの」とは、こんなことをいっているんだと思います。

50年間、業界でナンバー1の業績をあげ続けた企業は、これまで世界に一社もありません。企業の浮き沈みは激しいものです。

今はランキングで下のほうにいる中国やインドなどの新興メーカーが10年後、20年後にトップになっている可能性だってなくはないでしょう。

お金は人や企業の間を血液のように回り続け、そのときどきで、ある企業や人のところに多く流れ込んだり、少なく流れたりするわけです。

巨視的に眺めると、お金は個人や企業の所有物であると同時に、社会全体の共有物という性格を持っています。自由な資本主義社会であってもそうです。そうした面にこそ、お金の本質はあるのでしょう。

「お金は追いかけると逃げていく」ものです。これは体験から学んだ私の商売哲学でもあります。

いつも損得の計算をしてお金に執着すると、他を考える余裕はなくなります。貯めることばかりで、社会に還元するなど他人のために使うという発想は生まれません。

そうなると、人は次第に離れていきます。人間とは不思議なもので、お金が嫌いな人はめったにいませんが、いつも「お金、お金」といっている人には、お金はあまり近寄りたくない。一方で、「金は天下の回りもの」を体現して、人のため、社会のために使っている人にはお金が近づきたくなるし、応援したくもなるはずです。

かつて近江商人が説いた「売り手よし」「買い手よし」「世間よし」の「三方よし」の哲学は、実に理に適ったことをいっているのです。

ことほどさように、お金は特定の人間や企業に偏りすぎず、万遍なく行き渡ったほうが健全といえます。皆でよりよい社会を築くために、お金を気持ちよく回し合う。そのための工夫や努力を惜しまない。そんな感覚が、幸せな生き方につながっていくのだと思います。

自分を捨てたとき、人間の器は大きくなる

人間の器が広がる瞬間があるとすれば、それは自分を捨てるときではないかと思います。もちろん、命まで捨ててしまうわけではありませんが、それくらいの覚悟を持って何事かにあたるという意味での「捨てる」です。

私が人生において自分を捨てるという本気の覚悟をしたのは、伊藤忠商事の社長に就任した際です。

当時、私は自分が社長になるとは思っていなかったし、またなりたいとも思っていませんでした。

ところが、そのときの社長から、存亡の危機にあった会社を君が先頭に立って立て直してほしいと白羽《しらは》の矢《や》が立ったのです。

社長になることの重い意味がわかっていた私は、いったん返事を留保させてもらいました。理由は2つあり、一つは、私がもっとも信頼を置いている財界の大先輩に相談をしたかったからです。もう一つは、社長になるには何よりも自分を捨てる覚悟を決めなくてはいけなかったからです。そのための心の準備が必要でした。

就任時の私の最大の役目は、バブルの後遺症で巨額の不良資産を抱え、大幅な赤字に転落していた会社を再建することでした。そのための最初の大仕事が、社内外の多くの反対を押し切り、３９５０億円という途方もない不良資産を一気に処理する決断だったのです。

最終的な決断ができたのは、自分を捨てられたからだと思います。

もし、どこかに私情や欲が絡んでいれば、私は別の途《みち》、周囲の多くの意見に従って少しずつ不良資産を処理するという平穏なやり方をとっていたと思います。

しかし、この選択をしていたら、おそらく利益はいつまでも不良資産に吸い取られ、給料は増やせず、新規事業への投資もできず、株主への配当もできなかったはずです。そして、会社は縮小を余儀なくされ、もっとも貴重な多くの社員まで手放さざるをえなかったでしょう。

リーダーは常に部下のことを第一に考えなくてはいけません。自分のことは最後の最後でいいのです。

ゆえに真のリーダーは、いつでも自分を捨てる覚悟を持っている必要があります。ならば自分を捨てると、どうなるのか？

自分を捨てれば、それまで見えなかったものが見えてきます。客観的に状況や事態をつかみ、その上で全体にとってよりよい方向へ向かうべく正しい行動がとれます。私情を挟んだり、欲目でものを見ないからです。

いつも自分の利を優先的に考え、行動をするリーダーであれば、その組織には早晩、必ず綻びが出てくるはずです。

リーダーという立場にいなくても、人は長い人生の中で自分を捨てなくてはならないほどの決断を迫られるときがあるものです。そのとき、自分にとらわれるあまり、何もできない人もいるでしょう。

いざというときに、自分を捨てる覚悟をする。それには仕事や組織に対するふだんからの愛情が要ります。たとえば、常日頃から他人の問題を自分ごととしてとらえ、人のため、社会のためという意識を持って行動する。そうしたことが、ここぞというときに自分を捨てる覚悟をつくるのだと思います。

第2章 「人間の器」は仕事で変わる

問題を解決できない人の盲点

最近、私は知人の会社員からある相談を受けました。「給料だけでは生活するお金が足りなくて困っているんです。子どもの学業にはお金がかかるし、妻からはいい車に乗り換えたいのにお金がないじゃないのと散々文句をいわれていまして……」。そんなことを延々と語るのです。

しかし、そんなことをいわれても、どうにもアドバイスのしようがない。彼の給料は、けっして悪くはありません。「給料の範囲でやるしかないだろう。それができないなら給料のもっといいところを探して転職するしかないよ」といっても、「それはできません」の一点張りです。

奥さんも含めて身の丈に合った生活をすればいい話なのに、それができないというのは、自分たちの「分」というものがわかっていないからでしょう。

果たしてこの相談内容を読んで、皆さんはどう感じられるでしょうか。何でこんなことで悩んでいるんだろう、そう思われる方も少なくないはずです。

しかし、このようなことを問題にして悩むという例は、実はけっこうあるように思います。私があえてここに書いたのも、彼には悪いけれど、そもそも問題にする必要のないことを問題化してくよくよ悩み、時間を浪費する、そんな典型例だなと感じたからです。

悩むに値しないようなことを問題にする。深刻になる必要がないのに、深刻になる。傍から見ればどこかおかしいと感じますが、当人にはそれがまったく見えていない。そうならないためには、客観的に自分がどういう状態にあるかを冷静に見て、その上でどうすればいいかを考えるしかありません。それができれば、問題化する手前で、とどまれるはずです。

このようにとるに足りないことで悩んでしまう人がいる一方で、誰がどう見てもやっかいな問題であることを自分一人で抱え込み、深刻に悩んでいるケースがあります。

なぜそこまで深刻になってしまうのかといえば、単にその人に問題を解決する力が備わっていないからです。ところが、当の本人は解決が難しいとわかりながらも、自分の責任で何とかしなくてはと思っていたり、あるいは自分に解決する力がないのにそのことが認識できず、どこかに正解があるのではないかと悪戦苦闘していることが少なくありません。

問題にぶつかったとき、人はどうすれば解決するか、どこに進めば抜け道が見つかるか、まずは論理的に考えようとします。論理を組み立てていって解決への道筋が見つかればいいのですが、どうも見つかりそうにない。そんなときは組み立てたものを崩して、もう一度組み立て直す。

そんな作業を何度やってもどうにもならないとき、その問題は、その人の器をはるかに超えているということです。

このときに大事なのは、自分には問題を解決する力がないことをはっきり自覚することです。自覚ができれば、次にすべきことは問題の事柄についてよく知っている人、経験して助言を与えてくれそうな人のところに行って意見を聞くことです。

これはこう動けばいいとか、実はこんな事実があるからそこを拾っていけばいいとか、的確なアドバイスやヒントを授けてくれるかもしれません。もちろんそれでも解決には結びつかないこともあるでしょうが、長い目で見れば何らかの役に立つはずです。

行き詰まったら力のある人に相談に行けというのは、当たり前すぎるアドバイスと思われるかもしれません。しかし現実には、それができない人が多いのです。

そのことを、ぜひ頭に入れておいてほしいと思います。

頭を整理し、アイデアを生み出すコツ

私はいいことも悪いことも何でも忘れっぽい性質なのですが、これは大事だなと思うことだけは、けっこうちゃんと覚えています。

それは重要だと感じることを、私がいろいろな形でアウトプットしているからなのかもしれません。人と会って話す、講演会で喋る、ノートにつける、本や雑誌の原稿を書く。頭の中から忘れてはいけないと思うものを取り出し、反芻《はんすう》することで、脳みそに刻まれているのだと考えています。

このように人間の脳は情報をインプットばかりしていてはダメで、アウトプットも同時に行うことによって記憶を定着させるのです。

アウトプットには、記憶の定着率を高める効果があるだけではありません。アウトプットの仕方を工夫すれば、頭の中にある情報や知識、あるいは考えといったものを整理してくれる効果もあります。

伊藤忠時代、幹部役員の多くは何かある度に、相談役の瀬島龍三さんのところにアドバイスを仰ぎに行っていました。その際、検討資料として持っていったりする事業計画書に対し、瀬島さんはよく「3枚でまとめろ」といわれていました。忙しいから長々と何十枚にも書かれたものなど読んでいる暇がないというわけです。

かといって無理やり3枚にまとめた内容を持っていくと、今度は「何がいいたいのかわからん。要点を3つにして1枚にまとめてみろ」といわれる始末です。

瀬島さんが事業計画書を3枚や1枚にまとめろというのは、自分の時間を節約するためにだけいっていたのではありません。計画書をつくる人がポイントを要約することで、何が大事で何が必要でないかがわかる。つまり頭が整理されるのです。計画を実行に移して仕事を進めるときに、ちらかった頭では無駄も多く、ことによっては失敗も招きかねません。

計画書を長々と10枚も20枚も書くのは、自己満足にすぎない。事業計画を立てるスタートの段階で頭がちゃんと整理されていないと、その計画はうまくいかない。瀬島さんはそう考えていたのだと思います。

また、仕事で新しいことを構想するときは、考えられることをすべてアウトプットしてみるといいでしょう。

何のために行うのか？　最終の目標は何か？　目標へ進むには何がポイントで何が要らないか？　同業他社と比べてどうか？　相手からはどう見えるか？　何がリスクか？　そうしたことについて箇条書きでいいので、書き出してみる。アウトプットすることで初めて、自分が考え足りない点が見えてくることも多いのです。

本を読むなど、いくら質のよいインプットをたくさん持っていても、アウトプットをしなければ、知識や思考は整理されないことが多いものです。

一方で、アウトプットによりきれいに整理されていくと、これとあれを組み合わせると面白いものが生まれそうだ、などのアイデアも生まれやすくなるはずです。

人は頭の整理は、頭の中だけで簡単にできると思いがちですが、実際はそうではない。頭の整理にはアウトプットが必要だということを知って実行するだけで、成果に差が出るはずです。ぜひやってみてください。

ものごとの本質はこうしてつかむ

私は、読書は人間をつくる上で欠かせないものであると確信しています。そんな思いから、もう40年以上、私は寝床につく前に毎日欠かさず30分以上、読書をしています。最近は少しペースが落ちましたが、一頃は週３冊、年間１５０冊程度、経済、社会、歴史とさまざまなジャンルの本を片っ端から読んでいました。

読書は世界をより広く知る手がかりを与えてくれます。考える力を鍛え、想像力を伸ばし、人格を陶冶《とうや》してくれます。読書によって得た知識は、生きる力になります。

ただ知識だけでは十分ではありません。知識という燃料を燃やして人生に生かすには、加えて経験も必要です。

経験したことを、持っている知識に照らしあわせて吟味、検証すると、知識は修正され、それを元にまた新たな行動が生まれます。つまり、知識と経験は相互にフィードバックし合って、その人の血や肉になっていく。要は知恵という結晶になるわけです。私は身体を使って経験したことと、頭の中にある知識が混じり合って生まれる知恵こそ、人生を力強く切り拓いていくエンジンだと考えています。

仕事において大事なのは、いかなる立場にあろうと、現場をよく知ることです。経営者が頭の中だけで知識と情報をつなぎ合わせ、組み立てたりするだけでは、それこそ机上の空論になってしまい、まともな経営はできません。

私は会社で駆け出しの頃から、徹底して現場主義を実践してきました。現場主義の重要性を私に最初に説いてくれたのは、当時幹部役員だった瀬島龍三さんです。瀬島さんは太平洋戦争時の大本営陸軍の作戦参謀でした。11年間のシベリア抑留を経て、47歳のときに伊藤忠商事に入社し、伊藤忠を総合商社に発展させた功労者です。

入社して間もなくニューヨークに赴くおり、瀬島さんはこうアドバイスしてくれました。

「もし問題が起こったら、何を差し置いてもすぐに現場に飛べ。お金がかかろうと気にするな。それで会社から文句をいわれるなら、私にいってきなさい」

これは「現場にこそ答えはある。迷ったらまず現場に身を置け」という瀬島さんの教訓です。瀬島さんは戦場という絶対的状況の中で、それをつかんだのでしょう。

商社マンは現場の1次情報をいち早くつかむことが大事だという教えは、その後、私の仕事人生における重要な指針になりました。

アメリカに行ってすぐ、私は瀬島さんのこの言葉を痛感します。食料部門で大豆の取引を担当していた私は、現地メディアの情報を鵜呑みにして穀物相場で読みを外し、500万ドル、当時の日本円に換算して約15億円もの含み損失を出しました。今年は大旱《だいかん》魃《ばつ》になるというニューヨーク・タイムズをはじめとする多くの記事をそのまま信じたのが間違いの元でした。

私は、「旱魃が続いて、大豆相場は高騰するに違いない」と大豆の買いに勝負をかけたのですが、予想に反する主産地への慈雨で豊作になったのです。

損失額の大きさに自信を失った私は、会社を辞めることを本気で考えましたが、信頼していた上司に説得され、含み損を解消すべく行動を起こしました。このときに思い出したのが、「現場にこそ答えがある」という言葉です。

メディアを経由したり、人づてに入ってくる情報は、加工され手垢のついた2次、3次情報です。生の1次情報をつかむことこそ相場を勝ち抜く最善手であると確信した私は、自ら車を運転して広大な畑を何日もかけて見て回り、生産者に会って話を聞くことをしました。

いち早く精細な気象情報を入手するために民間の天気予報会社とも契約したり、データを持った大学や研究機関の専門家に会いに行って話を聞いて回ることもしました。

そうして得た材料を元にした相場の読みが今度は的中し、含み損を解消できたのです。まさに天の恵みという他ありません。

それ以来、私は毎年、収穫期になると中西部のブレッドバスケットと呼ばれる大農業地帯を車で1週間以上かけて見て回るようになりました。この経験で現場がいかに大事か身に染みて感じた私は、現場の重要性についてよく部下によく話をしました。

後年、中国大使になったおりにも、現場主義の感覚は忘れることはありませんでした。中国という国の実像は、共産党の上層部や企業のトップたちと大使館や党本部の建物の一室で会って話を聞くだけではわかりません。中国の人々の実際の暮らしぶりはどのようなものか、経済の発展ぶりはいかなるものか、生の姿に触れたくて、国境近くの僻地《へきち》も含めて中国全土を歩きました。

中国杭州市にあるアリババグループの本社に、日本の財界人と一緒に見学に訪れたこともあります。新興のＩＴ企業として、その急成長ぶりが注目を集めていたさなかです。アリババの実質的な経営者、ナンバー２が社内を案内してくれたのですが、ある部屋だけは、経済人と思われなかった私のみが通訳とともに入室を許可されました。

部屋に足を踏み入れて目に飛び込んできたのは、壁一面に大きく電光表示された巨大な世界地図でした。ニューヨーク、ロンドン、ベルリン、モスクワ、パリ、東京などの各国際都市に並んだ数種類の数字が慌ただしく変わっていきます。各地域で販売している自動車などの製品の販売数が、時系列で次々に表示されていました。

世界中に情報網を張りめぐらせ、市場の情勢を時間差なく的確に把握する。この光景を見て、彼らが仕掛けるビジネスのスケール感、スピード感の凄みを心底感じずにはいられませんでした。そう遠くないうちに、世界的な企業になるかもしれない。その直感は当たっていましたが、それは核心ともなる現場に触れることができたからに他なりません。


現場主義は、ただ現場で経験して得た情報がすべてではありません。当然ですが、それをフォローする知識がなければ生きてきません。現場における経験と知識は、いわば２つの眼のようなものです。

３Ｄ画像は右眼と左眼の視差を利用して、平面のはずの映像が立体的に見えます。２つの視線が交差することで、深みや奥行きが出てくるのです。

人間をはじめ多くの生き物が２つの眼を持つのは、３Ｄ画像の原理と同様、左右の眼の視差によって空間を正しく認識するためです。経験と知識は２つの眼のように相互に補完し、交わることで焦点が合い、正しく全体像をとらえるのです。

知識がろくにないまま現場を経験しても、そこで得る情報は偏った使われ方になってしまう可能性があります。読書などで得る知識と現場で得た情報や経験が相まって、初めて生きた知恵になる。生命そのもののような知恵にこそ、仕事やものごとの本質をつかみ、人間の幅を豊かに広げてくれるものが宿っているに違いありません。

最善を尽くすために「力を抜く」

ゴルフや野球を含めスポーツは、いかにうまく力を抜いてできるかが大切だとよくいわれます。

では、仕事においていい力の抜き方をしようと思えば、どうすればいいのか？　そんなことをある取材で聞かれたことがあります。

インタビューした人は、「うまく力を抜けば、仕事も軽々とこなせる」といったイメージが頭にあったのかもしれません。

実際に、仕事とスポーツは、根底は同じかもしれません。ただ、身体の動きにおいて力をうまく抜くことはスポーツでは大きなポイントにつながりますが、仕事にはちょっと違う面があるようです。

なぜなら仕事は力がある人でないと、本当に力を抜くことはできないからです。

そもそも経験も浅く、力がまだないような人が力を抜けば、仕事が成り立たなくなってしまう。ですから、仕事は最初のうちは、力が入りまくるくらい頑張ったほうがいいのです。

そうこうしているうちに、力がだんだんついてくる。そして何でも一通り楽にこなせるようになって初めて、「ここはちょっと力を抜いてみよう」という加減ができるわけです。

力を抜くということは、仕事に習熟した人ができることであって、力がまだついていない人がやれば、ただの脱力、すなわち手抜きになりかねません。

力がなければ頑張るあまり、肩に力が入りすぎることもあるでしょう。力が入りすぎて空回りしたり、失敗することもあるかもしれません。でも、それでいいのです。最初のうちは力が入りすぎるくらい努力すれば、それが確実にその人の力となって蓄えられていくからです。

やがて力がついてくれれば、最初の頃は１００の力で必死にしないとできなかったことを、半分の力でできたりするわけです。そして自分の調子を見て今日は20抜いて80の力でいこうとか、この仕事はすみからすみまで知っているから40抜いて60でいこうという加減ができるようになるのです。

こういうと、お前はよく最善を尽くせといっているじゃないかと思われるかもしれません。しかし、「最善を尽くす」ということと「常に全力を出す」ことは、また違う話です。

野球のピッチャーがもし長いイニング、一球一球を渾身の力を込めて投げ続ければ、やがて疲れから球に力がなくなり、自滅してしまうでしょう。常に全力投球で仕事をするというのも、それに似たところがあります。

いいピッチャーが緩急をつけた巧みな投球術を心得ているように、状況に応じて力を加減することは、いい仕事を続ける上で欠かせません。よい加減をしながら最善を尽くすマインドは忘れない。このことが大事なのです。

私が課長だったとき、仕事をいつしているのかわからないという勤務態度の本部長がいました。

まるでマンガの一場面みたいですが、毎日のように机の上に足を放り出し、腕を組んで寝ているのです。寝ていないと思ったら、仕事と関係のない雑誌なんかを読んだりしている。そして退社の時刻になると、エネルギーを充電し終わったかのように、勢いよく夜の街に繰り出していく。毎晩遅くまで飲んでいるのでしょう。翌日出社すると、また朝からくたびれた顔で目をつむっている。

ところが、こんなぐうたらで寝てばかりいる先輩が、会社からは高く評価されているのです。なぜ、こんな人が会社に貢献できるのか？　不思議に感じましたが、実際のところ、彼はとても優れた相場観を持ったトレーダーで、会社に大きな利益をもたらしていました。

俺は一年のうち3日働けばいいとよくうそぶいていましたが、腕のいいトレーダーは一年に数度しかない大きなチャンスを狙いますから、それはあながち誇張された口吻《こうふん》とはいえなかったかもしれません。

本部長の彼は相場だけではなく、他の面でも独特の仕事力を持っていました。それこそ仕事における力の抜き方が絶妙にうまかったのだと思います。

ある政治家はマイクを向けられると「全力を傾注して……」といったフレーズを何かにつけ使っていましたが、どんなベテランでも毎日毎日、全力で走ることなどできません。

仕事ができれば、常に全力でやろうなどと意気込む必要はありません。

そもそも本当に力があれば、「全力を出す」なんてことは恥ずかしくてなかなかいえない。仕事に習熟していれば、たとえ50の力に加減しているつもりでも80、90のことができたりします。力を加減することで、丁度いい具合に力を出せたりする。力があって力を抜ける人にとって、力を加減することは単純な足し算、引き算に収まらないのです。

長所を伸ばすか、短所を直すか

ある著名なラグビー選手が、「同じ努力でも、短所を改善すれば、長所を伸ばすより何倍も伸びしろが大きくなる」といっていました。

長所は放っておいても得意なことだから、練習も苦もなくできて、どんどん伸びる。でも短所は、そうはいかない。けれども意識して改善する努力をすれば、プレイヤーとしての総合力がぐんと上がるというのです。

短所はプレイする上で弱点となり、相手に攻撃されるスキを与えることにもなる。短所を改善するか否かは、プレイヤーにとって選手生命を左右しかねない重要なポイントとなるわけです。

たしかに重要な視点です。ただ、この考え方は一般の仕事には当てはまらないところがある。なぜなら、短所と思えるものも場合によっては長所に変じたり、逆に長所と感じることが短所になることが、仕事ではままあるからです。

たとえば性格上の短所が、仕事では往々にして長所になるケースはたくさんあります。

せっかちな性格は仕事を速く進める力になり、臆病さは慎重さにつながり、丁寧でいい仕事を導くかもしれない。一つのことにとらわれがちな人はいったん仕事に取り組みだすと、凄い集中力を発揮するかもしれない。内気で喋り下手な人はその分、誠実さが相手に伝わって信頼を得るかもしれない。

実際にある大手の住宅メーカーで長年全国トップの成績を収めた営業職の人は、喋り下手であることが最大の武器になったと聞いたことがあります。

反対に、長所が短所になる例もたくさんあります。決断が速い人は可能性がまだあるのに早々に見切って、折角のチャンスを失するかもしれない。抜きんでて仕事ができると自他ともに認める上司は、部下を信頼せず、人が育たないかもしれない。細かいことにすぐ気づくのはいいが、いちいちそれを口にする上司の下では、部下は伸びない——。

このように仕事においては長所と短所はオセロゲームのように、条件や状況の違いで、いとも簡単にひっくり返ります。

長所や短所をきちんと把握し、その人がもっとも生き生きと働ける場所を見つけるのが適材適所であり、伸びる組織は、適材適所のマネージメントが上手です。

人材マネージメントの難しさは、一人の人間の中で能力や性格の長所、短所が入れ子構造のようになっており、環境や状況の違いによって、それが変じていくところにあります。同時にそうした面が間違いなく仕事の面白さにもつながっているといえるでしょう。

したがって上に立つ人間は、部下の長所と短所がプラスの方向へ働くよう舵取りをする必要があるのです。

人間の器は雑務に表れる

昨今の社会は経済至上主義の風潮が行きすぎたのか、功利や合理性といったことを優先する価値観が重要視される傾向にあります。そうした価値観を強く求め続けていると、生きることにおいて「役に立たない」ことや「無駄」なことが、排除すべき対象になってしまうことがあります。

しかしながら役に立たなかったり、無駄と思えることは、後から振り返ると、人生に生かされていることに気づくものです。

会社に入りたての頃、私は来る日も来る日も膨大な量の書類の作成を命じられました。上司が書いた文章の清書、海外から届くレターの翻訳、見積書の検算といったことは、今と違ってパソコンなどありませんから、すべて手書きです。

私は「何でこんな仕事を俺がしなくちゃいけないんだ」と内心、不平たらたらで作業をやっていました。大学で勉強した法律とはおよそ関係がなく、しかも誰にでもできそうな実に簡単な仕事だと感じたからです。

挙句の果てに入社3カ月目にして「こんな会社辞めてやる」と内心思っていました。辞めて大学院に入り、司法試験の勉強をしようと考えたのです。

しかし、この作業を繰り返しているうちに、計算が速くなり、仕事の中身もわかるようになりました。自分がバカにしていた仕事にも、ちゃんと意味はあったのです。

俺にはもっと自分に見合った仕事があるに違いないと思い込んでいたわけで、今思うと、どれほど自分が傲慢だったかがよくわかります。

当時は「朝早く来て、みんなの机を拭いておきなさい」と上司からいわれて、「こんなくだらないことを……」と感じてしまう私には、アリになってがむしゃらに働くことの大切さが、まだよくわかっていませんでした。

アリとトンボにたとえるなら、どんな仕事でも最初はアリの精神で地べたを這うようにコツコツと努力をする時期が必要です。これが仕事の土台となります。

アリの努力をする時間を経なくては、トンボのように複眼で空から俯瞰して、先を見通しながら仕事をすることはできません。

幸いなことに、私はたくさんの雑務を命じられてこなしていくうちに、アリとして働くことの価値に気づくことができました。どのような仕事にもそれぞれの奥行きと深さがあって、役に立たないものなど一つもないことを悟ったのです。

誰にでもできそうな仕事でも、仕事に対する真剣さや努力の注ぎ方で、結果はかなり変わります。

たとえば、机をきれいに拭くのでも、たった一枚のコピーをとるのでも、そこには仕事の出来、不出来といった質の差がはっきり表れるものです。

おざなりな気持ちで机を拭けば、端には汚れが残りますが、丁寧に磨くように拭けば、机の輝きそのものも違ってきます。コピーとりにしても面倒だという気持ちでいやいややれば、曲がったり、はみ出したりするかもしれません。

単純な作業でも真面目に丁寧にコツコツ繰り返しやっていれば、そのうち名人のような完璧な仕事ができるようになるはずです。細部を見れば、その人がどういう仕事をしているのか、仕事に対してどういう姿勢でいるかが、一瞬にしてわかります。

このとき、面倒に思いながら雑な仕事をしていれば、その人は仕事の本質に触れることなく、終わってしまうかもしれません。どんな仕事であっても、それを生かし、自分と仕事の器を広げるのは本人の心がけ次第なのです。

評価されることを目標にすると、やがて行き詰まる

仕事がたいへんでストレスだ、仕事がつまらなくて不満がたまっている……このように「仕事＝ストレス」ととらえる人は今の時代、少なくないようです。

仕事がストレスの原因であれば、仕事に関わっている時間が長いほど疲れも当然たまります。

では、疲れを残さない仕事などあるのでしょうか？

あります。夢中になって楽しんでやる仕事は疲れません。もちろん楽しい仕事でも長時間続けてやれば、身体に疲れは残るでしょうが、精神的には疲れを感じないはずです。好きな本に夢中になると、疲れを感じず何時間でも続けて読むことができます。面白いと感じる仕事は、これと同じです。

私が入社して最初に配属されたのは、油脂部という大豆などの食料を扱う部署でした。私はそこで食料関係の分野のプロフェッショナルになろうと懸命に勉強をしました。アメリカに駐在していたときは研究機関を訪ね専門家の意見を聞いたり、アメリカの農業に関する書籍や資料を片っ端から集めて読みました。

中でも圧巻だったのが、アメリカの農業の歴史を記した一冊数百頁に及ぶ全4巻の原書でした。帰国後も農業関連の専門書や海外の業界紙や専門誌、アメリカ農務省の資料を取り寄せたりするなど、勉強には時間とお金を惜しみませんでした。

専門的な知識を身につけて、食料関係の分野では誰にも負けたくない。そんな一心で努力を続けているうちに、業界の動向を分析した記事を雑誌や新聞に寄稿するようにもなりました。

そうこうしているうちに「伊藤忠に面白いやつがいる」という評判が立ち、食料に関わる講演に引っ張り出されたり、ラジオ番組に出て世界の食料事情を語ったりするようになっていきました。

こうした過程は自分にとっては何の苦痛もなく、反対に給料をもらいながら、こんなやりがいのあることをやらせてもらっていいのだろうかと思うほどでした。そして仕事に夢中になれたのは、単に面白く、また自分が成長していくことに楽しさを感じていたからに他なりません。

食料関係の分野では、誰もが認めるプロフェッショナルになる。そんな気概を持って頑張ったわけですが、もっとも、業界で評価される人物になりたいという気持ちだけで、仕事に邁進《まいしん》したわけではありません。もし私がそのことを目標にして働いていれば、仕事はどこか辛いものになっていたかもしれません。

仕事で結果ばかりを求めると、楽しいものではなくなる可能性があります。仕事が楽しいと感じている人は、過程を楽しんで打ち込めれば結果は必ずついてくるという感覚があるのだと思います。

仕事には生活や人生そのものがかかっているわけですから、本質的には厳しいものです。でも、厳しい仕事を厳しい心持ちでやっているだけでは、やはりつまらない。つまらないだけでなく、それこそストレスがたまって長続きしないでしょう。

厳しいものをいかに楽しくするか？　面白くやるか？　それには夢中になれる勘所を見出したり、工夫をすることが大事であり、やりがいのある仕事というのは、そうしたところから生まれるのだと思います。

「成功は復讐する」から恐ろしい

スポーツ競技などの勝負事では、あるパターンでもって勝利することを「勝利の方程式」と呼んだりします。

スポーツに「勝利の方程式」があるなら、仕事においては「成功の方程式」ともいうべきものがあるはずだと考える人もいるでしょう。

しかし、そんなものはどこにもありません。

そもそもスポーツにおける「勝利の方程式」にしても、厳密にいえば勝ち方の流れやポイントが似たような感じで繰り返されるケースを、そう呼んでいるだけのことです。

たとえば、あるプレイヤーをチャンスの局面で起用すると、しばしば功を奏する。ある作戦を試合の中盤で使うと、得点できて勝利につながることが多い。それを「勝利の方程式」と呼んでいるにすぎません。

もちろん、似た勝ちパターンには対戦相手も対抗策を講じてくるでしょうから、賞味期限はあります。いつまでも「勝利の方程式」的なものが続くことはありえない。

ビジネスにおける勝ちパターンがもしあるとすれば、こうした勝負事における「勝利の方程式」程度のものがあるということにすぎず、それは「成功の方程式」と呼べるほどのものではありません。

そもそも、成功の方程式なるものがあれば、誰も苦労はしません。こういう条件のときは、あの方程式を使えばうまくいく、こういうタイミングのときはあの方程式だ、この分野ではあの方程式ならヒットする企画が生まれる……そんな決まりきったマニュアルがもしあれば、すべてのビジネスマンは万々歳でしょう。

もちろん全員が成功して全員がハッピーになれば、それにこしたことはありませんが、それはありえないことです。なぜなら現実はパイの量が決まっているし、また成功する条件や環境、発想や行動といったものの組み合わせがあまりにも複雑で、しかも絶えず変化しているからです。

あるやり方を工夫して成功させても、変化が激しい今の社会においては、またたく間に通用しなくなります。

経営の世界では「成功は復讐《ふくしゅう》する」という言葉がありますが、成功体験を忘れられず、同じやり方に固執して楽をしていると、変化の速い昨今では、あっという間に世の中から取り残されたり、失敗を招いたりしてしまうでしょう。

私は常にベストを尽くすという気持ちで生きているせいか、過去にあったことはよいことも悪いことも、ともに忘れていることが多い。ですからベストで生きるということは、「しまった」と思わない生き方につながるのです。

したがって私はリーダーの条件の一つとして、「過去を忘れる」ことをあげます。特によかったこと以外は率先して忘れ、振り返らないのです。

こうして本の原稿を書いているときは、日記や資料を見返したりして過去を思い出したりしますが、そんなとき、ほとんどのことはまともに覚えていないことに気づきます。こんなことを俺はしたのか、ここでこういう決断をしたからうまくいったのか……等々、人から指摘されて、ようやく思い出すこともしばしばあります。

しかし、忘れるからこそ新しい発想も生まれるし、現在をベストに生きることもできるのだと思います。

「耐える時間」に「攻め方」を練る

人生や仕事には、耐えなくてはいけないときが必ずあります。私にとっては副社長、そして社長時代の、会社がバブルの後遺症で膨大な不良資産を背負い、それをどう処理するかという時期でした。

ただ、このような危機においては、ただ耐えているのでは前に進めません。

私は副社長時代に、西友からのファミリーマート株取得という巨額の投資事業を手がけました。この頃、会社は不良資産処理を進めたことにより、1998年3月期には1428億円の特別損失を計上、実に20年ぶりの大幅赤字に転落するという非常事態下にありました。

片方の手で不良資産処理やリストラを進めるという縮小戦略を、もう片方の手では巨額投資による事業買収という拡大戦略を目指す。これに対して社内では、「あまりにも矛盾している。一体何を考えているのか？」と厳しい批判に遭いました。

当時、特別顧問だった瀬島龍三さんからも「守りと攻めを一緒にしている君のやり方は、戦術の原則から外れている」といわれました。

しかし、私は商社特有の収益構造を根本から変えなければ未来はないと考えていましたから、ここで一歩も引き下がるわけにはいきません。

商社の中心となる仕事は、市場の変動に左右される農産物や鉄、石炭といった資源を海外から買いつけて販売することです。

しかし、原料や中間財を右から左に動かして利益を得ることを柱にしていては、成長の限界は見えています。これからの商社は川上から川下まですべてを網羅し、こと川下の消費者とダイレクトにつながる事業に商機を見出すことに、飛躍の鍵があると見込んでいました。当時、勢いのあったコンビニエンスストアの買収は、まさに新しい方向に舵を切るのに必須の事業だったのです。

不良資産の処理という守りと、新規事業への巨額投資という攻め、この２つはブレーキとアクセルを同時に踏んでいるかのようにも見えますが、ともに会社が前に進むための両輪の役割を果たしているのです。

結果的にファミリーマートの株取得は、巨額の不良資産を一括処理し、膿を出し切った後の伊藤忠を浮揚させる強いエンジンになってくれました。

耐えなければいけないという発想は、ともすれば守りの姿勢に傾きがちです。

しかし、会社経営は守りだけでは体力が確実に落ち、組織の活力が失われます。その間に優秀な人材もどんどん離れていく。あくまでも守りと同時に攻めが必要なのです。

耐え忍んで危機がすぎ去ってから攻勢に転じようと思っても、耐える時間が長ければ、それだけ体力が消耗し、まともに戦う態勢がとれない可能性があります。

守りをしっかりしないといけない時期にあっても、ビジネスチャンスがあれば、準備を進め、それが整えば敢然と打って出る。「同じチャンスは二度はない」のです。

どれほど守りに徹し、耐え忍ばなくてはいけないときであっても、チャンスをとらえるアンテナはピンと張る。ピンチをチャンスに変えるようなアイデアや戦略を必死になって考える。それが会社経営の本来のあり方です。

「耐える時間」は、耐えているだけで終わってはいけないのです。耐えながらも前に進む糸口を必死で探す。守りをしっかりしながらも、攻めていく。耐える時間を終わらせ、前進していくには、2つのことをひるまずにやり続けることが不可欠なのです。

いかに自分を律するか

考えられる策はすべて講じ、しかるべき行動はすべて遂行し、それでも埒《らち》が明かない。前に進むための攻めの出口もなかなか見つからない。危機の際は守りと同時に攻めが必要とはいうものの、守ることに力点を置かざるをえないときもたしかにあります。

こんなとき、出口が見えない中で歯を食いしばって、ともかく耐えるしかないと思うと、重圧に気持ちが折れかねません。

そんなときは「始まりがあれば、終わりが必ずある」と思うことです。終わりのない始まりはないのです。

先に出口があることを想定せず、いつまでもトンネルの中にいると思うから、気持ちが参ってしまうのです。出口のないトンネルなどありません。この苦難も、いつか必ず終わりがある。そう信じて希望と気力をなくさなければ、必ずしのげます。

勝負事で耐えなくてはいけないときは、洗面器の水につけていた顔を我慢できず上げるように、最初に音を上げたほうが負けるのです。

しかし、耐えるということはどのような形であれ、最終的には相手というより、自分自身との闘いです。こと会社のトップは、己に克《か》つ強さを持っていないといけない。

自分に勝てる人と勝てない人の分かれ目はどこか？

それは、ふだんから自分を律しているかどうかの差ではないでしょうか。人間には動物の血が色濃く流れています。理性でそれを律しなければ、人は欲望の赴くまま、自分勝手で奔放な振る舞いをし続けることになる。

さまざまな欲に対して「〜しない」「ほどほどにする」という姿勢を持つことが、自分を律することにつながります。己の中にある荒ぶる動物の血を手なずけられる人ほど、自分に勝つ力を備えています。

ふだんから自分をいかに律するか。上手な律し方を身につけていれば、それは仕事や人生の危機において必ずや役に立つはずです。

目標は低めに設定する

元メジャーリーガーのイチロー選手が、インタビューで「目標は低く持ったほうがいい」といっていました。イチロー選手のような傑出したプレイヤーともなれば、当然、志は高いはずです。ならば、抱く目標もきっと高いだろうと思われるかもしれません。

なぜ目標は高く持つより、低く持ったほうがいいのか?

イチロー選手に限らず、トッププレイヤーになるような人は皆、高すぎない目標をコツコツと達成して、トップの位置までのぼりつめるからだと思います。

自分の力がよくわかっていない人ほど、現実的な目標が描けず、身の丈に合わない高い目標を持つ傾向があります。

たとえば、高校球児にいきなりイチロー選手のようなバッティングをしなさいと指導しても、そんなことはできません。仮にイチロー選手のような高度なバッティングを目指して練習に励めば、何段階ものステップを飛ばすことになり、その練習はおそらく地に足がつかないものになってしまうでしょう。

目標を低めに設定したほうがいいのは、努力を要するものすべてにいえることです。英語を習いたての人が、ネイティブスピーカーのような流暢な英語をたった半年で話せるようになりたいという目標を立てるとしたら——。目標設定が間違っていれば、現実的な努力の方法がつかめず、当然ながら挫折するでしょう。

たとえば初級者の実力なのに、高いレベルの英語力を身につけたいからといって、ＮＨＫラジオ講座などの上級者向けのテキストやＣＤを使って勉強をする人がいます。でも土台がしっかりしていないのに、難しい言い回しの英文を覚えても、まったく身につきません。

英語の勉強を始めるなら、まずはこれくらいはできるだろうという小さな目標を立てる。家を建てていくように、土台から一つひとつの材料を組み立てるがごとく、英語を覚えていく。

たとえば使っているテキストの英文を最初から10頁まで暗記する。それができたら次に、また10頁分覚える。そうやって一冊分覚えていくわけです。いきなり、ペラペラになるという目標を立てても、いつまでたっても上達が感じられず、早晩投げ出してしまうのは目に見えています。

あくまで力がつくための方法を考え、目標を小さく区切ってコツコツやっていく。低い目標がクリアできれば、次の目標をまた低めに設定する。語学の習得には、この繰り返ししかありません。

目標を立てるにあたって最初にすべきことは、自分のレベルがどのあたりなのかを正しく把握することです。実力以上に高く見積もっても仕方ありません。

自分がどの辺にいるかをつかんだら、それに応じた高すぎない目標を立てる。それが確実に上達するための第一歩になります。

私の知り合いの女性でかなり英語のできる人がいます。彼女は高校時代、英語の試験の点数はよくなかったものの、英語の発音だけはすごくよかった。好きな洋楽の歌詞をたくさん覚えて、よく歌っていたので発音がうまくなったのですが、それをあるときネイティブの外国人から褒められた。褒められると嬉しいですから、そんなところから英語が好きになり、どんどん上達していったそうです。

このように努力の成果を褒める人が周りにいると、モチベーションはぐんと上がります。低い目標でも、それをきちんと評価してくれる上司や指導者がいると、確実に上達は速くなる。

上達するには、効率的な方法が必ずあります。何か大きな目標を掲げて前へ進もうとするときは、まずその目標を小さく分け、一つひとつを着実に達成していくことです。

目標設定がおかしいときは、モチベーションが上がらなかったり、スランプを招いたりしかねません。

目標倒れになりがちな人は、こうしたことを視野に入れ、上達にもっとも効果がありそうな目標設定を冷静に考えることが第一です。

ここぞというときに褒められるか

企業にとって人材は、何よりも尊い宝です。いい人材をとると同時に、いかに人を育てるかは、企業の根幹に関わることです。人は皆、個性も才能もそれぞれに違う。だから人を育てるにはこうすればよいという答えはありません。それだけに人材育成は難しいものです。

一昔前には、上から押しつける形のスパルタ方式の教育が評価された時期もありましたが、昨今は本人の自主性を重んじ、褒めて育てるやり方がトレンドになっています。

私は本人の個性を無視して、ただ上から押しつけるようなやり方はダメだと思いますが、ときには叱るという厳しさは必要です。一方で評価すべき点は、褒めて自信をつけさせることが大事です。

私自身、人から褒められたことが自分を成長させるきっかけになった経験を何度かしています。今でもよく覚えているのは、中学校の遠足の際に書いた作文を国語の先生から褒められたことです。

私はそれまで小学校からずっと全優、無欠席を通してきましたが、とてもおとなしくて目立たない生徒でした。

そんな私が書いた作文を、先生はこう褒めてくれました。

「とてもよく書けています。丹羽君は将来、有名な作家になるかもしれませんよ。皆の前で読んでみてください」

先生のその言葉を聞いて私は無性に嬉しくなり、もっとたくさん本を読んで頑張ろうという気持ちになりました。うまくおだてられると、人はその気になるものです。

私は自分の文章をもっと多くの人に読んでもらいたいと思い、新聞部に入って学内のちょっとした逸話や、社会の大きな出来事に対する自分の考えを書いたりしました。そのうち自ら進んで生徒会長をやるなど、非常に活動的な生徒になっていったのです。

よいところを評価し、褒めることは、人を育てる上でとても大事なことです。

私は会社で部下を褒めるときは、なるべく皆の前で褒めるようにしていました。人前で褒められると、嬉しさが倍増するからです。

反対に叱るときは、人前では絶対にしないように心がけました。当人が自分は悪いと自覚していても、人前で叱られるとプライドが傷つき、マイナスに働くことが多いからです。

どのような形にせよ、人は褒められるとモチベーションが上がってやる気が出ます。そうなれば、人からいわれなくても自発的にやろうという姿勢になります。同じ内容を学ぶにしても、自発的な気持ちでするのと、上から強制的にさせられるのとでは、身につく度合いがまったく違ってきます。

脳科学的にも、押しつけられて学んだことより、自発的に学んだことのほうが記憶の定着率がいいそうです。加えて自発的に学んだことは、そこからさらに興味が広がったりするので、創造力も生まれやすい。押しつけよりも自発的に学ぶことのほうが、伸びしろが断然大きくなるのです。

褒めることは自発性をうながす、いいきっかけになります。もちろん単純に何でも褒めればいいというものではありません。褒めるときはじっくり観察しながら、ここぞというポイントで評価することが大切です。

面と向かって褒めるのが苦手という人もいます。プロ野球の監督やコーチには、マスコミや周りのスタッフに褒めたい選手のいい点を話して、それが回りまわって間接的に本人の耳に伝わることを計算して発言する人もいます。

面と向かって褒められるより、間接的に自分への評価が耳に入ってくるほうが、説得力があることはいうまでもありません。

ところで褒めるということは、ある行為に対しての積極的な評価ですが、感謝の気持ちを伝えるのも、褒めることにつながると思います。

最近は新入社員の3人に1人が、「会社の雰囲気に馴染めない」「労働時間が長い」「将来に希望を持てない」などの理由で、3年以内に離職するといわれています。

かくいう私自身も、会社に入って3カ月で辞めようと思ったことがあることはすでに述べました。与えられた仕事が雑務ばかりで面白くなかったという理由もありました。

ところが、顧客などから「ありがとう」という言葉をもらったり、上司から褒められるというレベルではなくても、仕事ぶりを認めてもらうちょっとした言葉をかけられたりするうちに、仕事の意義に気づき始め、辞めることを思いとどまったのです。

褒める言葉でなくても、「ありがとう」といった感謝の気持ちを伝えるのも、相手の仕事のモチベーションを上げるきっかけになりうるのです。

なぜ日本人は自己肯定感が低いのか

自発的にものを考え、自ら伸びていく人は、その過程において自信をつける経験を幾度もしています。

こういう人は、「結果を出す」→「自分への信頼感が増す」→「自己肯定感が強くなる」→「やる気と自発性が生まれる」という好循環をうまくつくっています。褒めることは、そうした成長をうながすきっかけになります。

ところで、褒めて育てるというやり方がトレンドになってきているにもかかわらず、日本の若者は自信がなく、自己肯定感が低い傾向にあることが教育の専門家からよく指摘されます。

それを裏づけるのが内閣府が２０１８年度に行った若者の意識調査です。日本をはじめ、韓国、アメリカ、イギリス、ドイツ、フランス、スウェーデンにおける13～29歳までの男女が対象です。

その調査結果からは、日本の若者の自己肯定感は各国と比較しても著しく低いのが見て取れます（左ページの図参照）。

●「自分に満足している」の質問に対して「はい」と答えた人の割合
（「どちらかといえばそう思う」も含む）

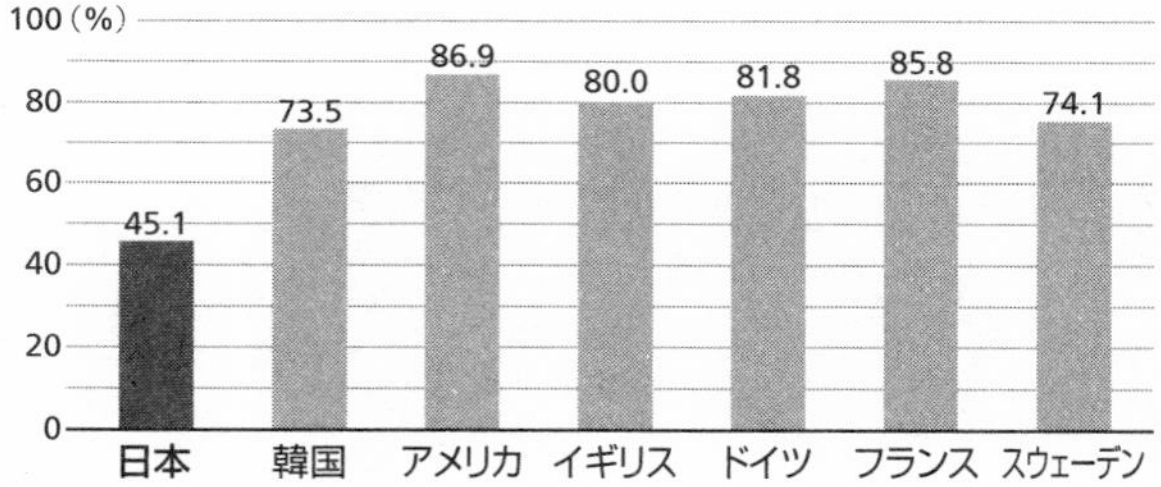

●「長所を持っている」の質問に対して「はい」と答えた人の割合
（「どちらかといえばそう思う」も含む）

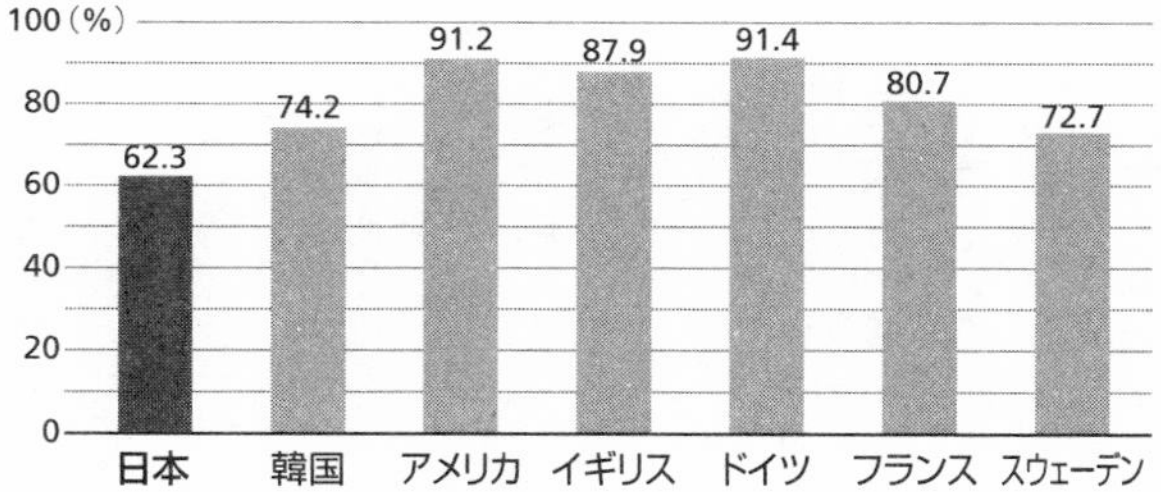

●「うまくいくかわからないことにも意欲的に取り組む」の質問に対して「はい」と答えた人の割合（「どちらかといえばそう思う」も含む）

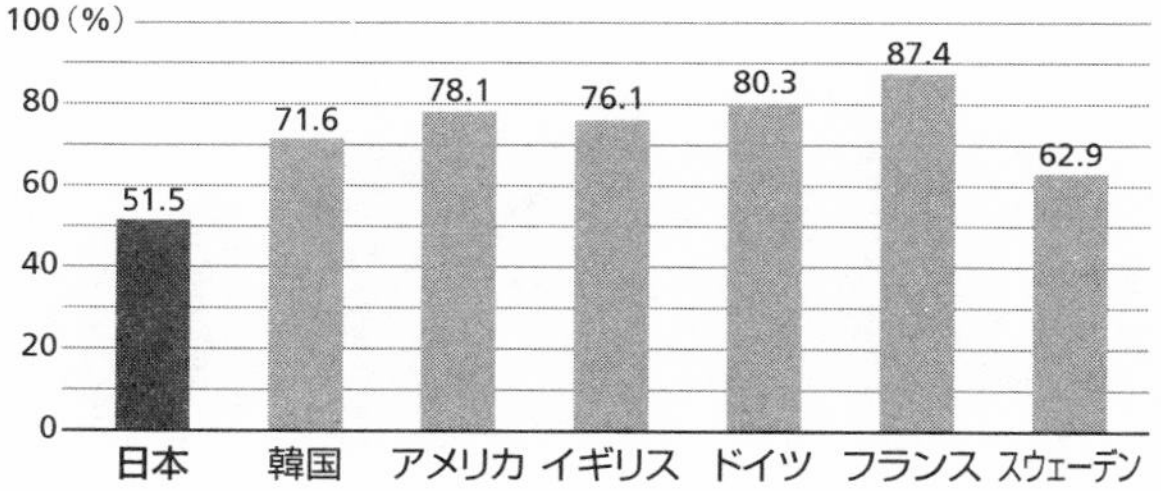

なぜ、日本の若者は自己肯定感が低く、自信がないのか?

これは家庭や学校における教育に、何らかの問題があるということでしょう。大きな理由として考えられるのは、決まった答えを押しつけるばかりで、自由な発想を阻害する教育が行われていることではないでしょうか。

欧米では幼少期から課題を与えて自由に考えさせるという教育を積極的に行いますが、日本ではこうした教え方はあまりされません。正解が決まっているものを一方的に覚えさせるやり方では、考える力や柔軟な発想は培えませんし、自ら進んで課題に取り組む自発性や自己肯定感も育ちにくいと思います。

褒めることはその人に自信を与え、自己肯定感を高めることにつながりますが、どういう内容や文脈でそうするかによっても意味合いは変わってきます。単に褒めれば自信がつき、自己肯定感が高まるというものではないでしょう。

試験の点数がよかったから褒めるのか、競争に勝ったから褒めるのか、あるいは人とは違うオリジナリティのある発想やものの考え方をしているから褒めるのか、結果を出さなくてもベストを尽くしたことを褒めるのか……、果たしてどのようなことを重視して評価をするのか、それによって同じ褒めるのでも相手の成長や人格に与える影響はかなり変わってくるはずです。

答えが決まっているような事柄で正解ともいえる結果を出せば褒め、逆に結果が出なければ、その過程でどれほど頑張っても、何の評価もしない人がいます。

それとは対照的に、結果いかんにかかわらず、努力する姿勢そのものを褒める人がいます。あるいは正解などないようなことに対して、オリジナリティある発想をしたことを褒める人がいます。

やる気や自発性を引き出すのは、明らかに後者のほうです。

しっかりとした人間の器をつくるには、何よりも自己肯定感は不可欠です。自信の大《おお》本《もと》となる自己肯定感が高いほど器は安定し、知恵と経験を積むほどに、それは大きく広がっていきます。

自己肯定感をいかに高くするか、自信をいかにつけるか、このことが仕事や人生そのものの質を大きく左右する鍵を握っているのは間違いありません。

自発的でなければ、大事なことは身につかない

企業で人が育つには、まず社員が自発的に学び、育つ環境をつくることが重要です。社員のモチベーションを上げる仕組みや、上から逐一指示されなくても積極的に自ら考え行動していくような状況や条件をつくることが大切です。

私が部下を育てるにあたって重視したことは、本人の自発性をいかにいい形で引き出すかということでした。

部下がすることにいちいち口出しをして、本人の自由な裁量に委ねることをしない上司がいますが、それではいつまでたっても成長も進歩もありません。

私はリスクを伴った大きな仕事でも、ここは信頼して任せたほうがいいと判断したときは「責任は俺が全部とるから」といって、部下の手に全面的に委ねていました。

もちろん、部下の能力を見た上でのことです。まだ未熟な部分はあるけど、こいつの能力ならきっと結果を出してくれる。よし、百パーセント任せてみよう。任せられたほ

う は、俺のことをちゃんと認めて信頼してくれているんだと思って頑張ります。結果的にうまくいかなくても、本人には間違いなく大きな成長の節を残すはずです。

私は部下や上司を見るとき、学歴第一での評価・判断を一切しませんでした。優秀な学校を出ていることと仕事の優秀さは、必ずしも一致しないからです。

当然のことながら社長になった際には、学歴や出身大学にかかわりなく、実績や実力を重視して人材を登用するよう努めました。高卒や専門学校卒の新卒採用を積極的に進めたり、本社での採用は叶わないが、見込みがありそうな人はグループの人材派遣・教育機関でいったん採用し、そこでの仕事ぶりが優秀であれば、改めて本社で働けるよう人事部に指示しました。

また社員教育の一環として、男女問わず新入社員を全員、入社して4年以内に最長2年間、海外研修に出すようにしました。ホームステイしながら大学で語学を学んだり、現地企業でインターンシップをしたりするのです。

海外に派遣させるのは英語を身につけてほしいという理由も無論ありますが、それよりも異文化を体験することで見識を広め、より広い視野でものごとを考える人間になってほしいという思いがありました。

私は部長時代、海外研修の一つとして、部下に仕事一切なしのフリーの状態で、アメリカに半年ほど行かせたこともあります。

渡航費や必要最低限の滞在費は会社持ちでしたが、それくらいの権限を部長は持っていました。本当に完全な自由でしたが、どんなことをしているか週1回は必ず状況報告をするという条件つきで送り出したのです。

またその頃、会社で初めて女性を海外に出張させることもしました。女性を一人で海外に行かせるのは危険だという人事部の反対を押し切って、オーストラリアに1週間ほど出張させたのです。

海外に一人で行けば、日本と違って勝手のわからないことだらけですから、逐一頭を使い、こまめに手と足を動かさなくてはなりません。何でも自発的に考え、行動しなくては生きていけない環境に身を置くことで学べるものは少なくありません。

下手な社内研修をするより、海外に短い期間でも行かせたほうが余程、本人のためになると思います。

私自身、若い時分にアメリカに約10年駐在したことが、仕事をする上で大きな財産になっていると強く感じます。

徹底して自分の頭で考え行動するという気概、会社の一翼を担う仕事を果たしたという思いから来る自負、少々のトラブルではへこたれまいという肚《はら》と忍耐心……こうしたものは、海外で仕事をすることで強く育まれました。

私にとってこの10年があるのとないのとでは、その後の仕事の考え方や取り組み方において、瞬発力やスケール感が違っていただろうと改めて思います。

美しさと結果は比例する

職人でもスポーツ選手でも、その技に習熟している人ほど、身体の動きがしなやかで美しいものです。

たとえば、料理人や大工で一流といわれる玄人やプロの動きは、包丁での切り方ひとつ、釘の打ち方ひとつとっても、素人とは明らかに違う美しさがあります。それは想像を絶する訓練をくり返しているからです。

なぜ美しいのか？　それは、無駄な力が入っていないからです。すなわち、力がよい加減で抜けている。余計な力みがあると、身体のどこかが強張《こわば》ったり、バランスが崩れたりします。余計な動きがないから、なめらかでしなやかな強さがある。

ビジネスマンの仕事にも、これと同じようなことがいえます。無駄のない、理に適った仕事の仕方は、傍から見ても美しいものです。

それに対して、力の抜き方がよくわかっていない人の仕事は、どこかぎこちない。すべてに同じような力の入れ方をして、緩急のつけ方がわからない。ポイントがつかめないため、余計な仕事をして時間もかかってしまう。見落としがあったり、粗いやり方になったり、次にすべき仕事がぎこちなくなり、スムーズに流れていきません。

仕事の仕方が美しくない人は、問題も起こしやすい。相手の立場を想像しないゆえに自分勝手な行動をしたり、ポイントを外して周りの人を巻き込んだりと、トラブルの多くは、仕事のやり方がうまくないことから起こるものです。

もっとも、仕事の仕方が美しくなるには、単にやり方がスマートで上手ということだけでは十分ではありません。テクニックやスキルに熟練しているだけでは不十分です。私は常々、仕事においても生きることにおいても「清く、正しく、美しく」あることが大切だといっていますが、この「清く、正しく」というものを含んでこそ、本当に美しい仕事や人生は生まれるのです。

私が敬愛していた上司は、今思えばまさに美しい仕事っぷりでした。「清く、正しく、美しく」を地でいくようなところがあり、仕事の本質を染み込むように教えてくれた人でした。

私が大豆相場で途方もない損失額を出し、会社を辞めようと思ったとき、その上司は「下手な考えで、隠しごとは一切するな。お前がクビになるくらいなら俺が先にクビになる」と励ますようにいってくれました。彼は「上司にも部下にも取引先にも妻にも、誰であろうと嘘はつかない」という信念の持ち主で、難しい大きな仕事でも百パーセント、部下を信頼して任せてくれた。「何かあれば責任はすべて俺がとる。思い切って存分にやってこい」と送り出してもくれた。それくらい器の大きな人でしたから、私も「この人のためなら、どんな厳しい仕事でもやろう」と思っていました。

私が人間として成長できたのも、これまで仕事を続けてこられたのも、この上司のおかげといってもいいくらいです。

仕事で「悟る」などありえない

「丹羽さんは仕事に関しては大ベテランですから、仕事に対して一種の悟りのようなものを持たれているんじゃないですか？」

そんなことを知人からいわれたことがあります。

滅相もありません。人間である限り、悟るなんてことはとてもできないと思います。私は仕事に対しては、ある範囲のことが「わかる」にすぎない。

会社を立ち上げ、大成功させた人が、これだけ大変なことをしてきたんだから経営で学ぶべきことはもうない、俺は悟ったんだというような境地にもしなれば、どれだけ目覚ましい能力を持っていようと、それは人としての未熟さと驕りの現れです。

その人がどれだけ努力を重ね、進歩しようとも、単に「わかる」という部分が増えていくだけにすぎません。

1しかわかっていない人から見れば、10わかっている人は途方もない存在に感じられて、あたかもすべてを悟っているように思えるかもしれない。でも、10わかっている人のさらに上には、20や30わかっている人だっていたりするわけです。

人はどこまでいっても、「わかる」部分が増えていくだけです。それが成長ということです。

人よりも「わかる」ものが圧倒的に多いから自分は悟った、と思うようなことがあれば、そこで成長がストップしてしまいます。

日々、ベストを尽くす。できることを精一杯やる。生きている限り、そうした努力を続ければ、成長が止まることはありません。

一つの山に登ったら、それで終わりではありません。そこから、また目の前にそびえているさらに高い山に登る。登るべき山は、死ぬまで際限なくあるのです。

第3章

老年をいかに生きるか

歳をとるとしんどくなる人と楽になる人の違い

歳をとると人は背負う荷物が増えて苦労が多くなるので、できるだけ荷物を下ろして身を軽くする工夫をすべきだということを、ある宗教学者の方がいっていました。

しかし、私は決して年齢とともに苦労が増えるとは思いません。苦労が増えるか減るかは、その人の生き方次第です。

たしかに歳をとれば、人間関係も広がり、家族も増え、仕事の責任も重くなったりしますから、心身ともに負担が増える部分はあるでしょう。

しかし、一方で歳を重ねれば、それまでの経験が生きて判断力が向上し、余計な思考や感情に引っ張られることが少なくなる部分もあります。その意味では、判断力をつけ、思考力を磨いてきた人にとっては、歳をとるほど心はむしろ軽くなる部分があるのではないでしょうか。

苦労が増えたという人は、それまでの人間関係を疎《おろそ》かにしてきたのかもしれません。

仕事関係にしても、家族関係にしても、人と丁寧につき合ってこなかった。そうしたことが原因になっている可能性はあります。

ストレスや悩みの原因の大半は人間関係にあるといわれるくらいですから、人間関係が不安定な人は、それだけ苦労が増えるのは当然です。

反対に人とのつき合いを丁寧にしてきた人は、人から助けられることが多くなるので、歳をとると感謝する機会が増えるのではないかと思います。

もちろん歳をとると若いときと違って、身体に故障が出てきますから、フットワーク軽く、どこにでも顔を出すわけにはいきません。つまり、不義理ができるのは、高齢者の特権だともいえます。

不機嫌でもいいじゃないか

歳をとると思うように身体がいうことをきかなかったり、どこか調子が悪かったりといったことが急速に増えてきます。

健康面で調子が悪くなるのは自然現象ですから、眉間にシワがより、口をへの字に曲げて不機嫌そうな顔をする高齢者がいても仕方ありません。最近は機嫌が悪いのは罪だ、というようなことをいう人もいるようです。機嫌が悪ければ周りの人に不快な思いをさせたりして、悪影響を及ぼすというのです。

誰だってできれば機嫌よく生きたいものですが、そうできない事情があれば、無理に機嫌よく振る舞うことはないでしょう。

もちろん、基本的にはネガティブにものごとを考えるよりは、何でも前向きに考えて行動するべきですが、身体の調子を崩したり、どこか痛みがあったりすれば、上機嫌に振る舞うことなどできっこありません。

私はあまりテレビを見ませんが、たまにつけるとお笑い系の芸人がよく出演していて、番組を明るく盛り上げる役割を彼らが担っているのを感じます。テレビ番組は暗ければ誰も見ないでしょうから、できるだけ明るい方向で演出されるのはよくわかります。

しかし、テレビに見られるこの躁《そう》のように明るい空気感は、世間においても、皆の前では明るく楽しく上機嫌に振る舞うのがいいことだという空気感になって浸透している気がします。

そうだからこそ、不機嫌な人は一層嫌われ、敬遠されるのかもしれません。不機嫌は罪だ、だからいつも上機嫌でいるべきだというのは、痛みや病気を抱えて不機嫌にならざるをえない人からすれば、ちょっとした理不尽な圧力になります。

こういうお節介な考え方は不遜《ふそん》なものだし、人に押しつけるべきものではないでしょう。

理由もなくしんどい。足を動かすと膝に痛みが走るので歩けない。腰を少しでも動かすと激痛が走る。そんな状況にいる人が不機嫌な顔になるのは自然なことで、人前だからといって無理に明るく振る舞う必要はない。しかし、心を鍛える努力は必要だと思います。要は健康な人にはない、心を鍛える機会を与えられたのだと考えるのです。

私も八十寿《やそじゅ》をすぎ、身体のあちらこちらに年相応の問題を抱えています。

腰が痛いときは、おそらく私は不機嫌な顔をしているはずです。痛いときは、さすがに上機嫌にはなれません。痛いものは痛い。仕方ありません。年配者が眉間にシワをよせているときは、それなりの理由があるのだと誰もが想像できるようになると、皆がもっと生きやすい世の中になるのではないかと思います。

人生１００年時代といわれるようになりましたが、誰もが１００歳まで身体の故障なしで過ごせるわけではないのです。

人は不機嫌だったり、機嫌よくなったりと、波があるのは当たり前。私なんかは、痛みがあるときはなるべく人のいるところには近寄らないようにしていますが、基本的には人前で不機嫌な顔をしたって全然かまわないと思っています。人にはそれぞれ、人にいったところでどうにもならない事情があるのですから。

余命１年の宣告を受けたら

もし、あなたががんになって余命１年の宣告を受けたとしたら、どうしますか？

人によってさまざまでしょうが、私自身はそれによって何も変わることはないと思います。１年間の行動計画を立てたり、仕事のやり方や生活スタイルを変えたり、あるいは人生に対する考え方を変えたりといったことは、おそらくしないでしょう。

残された時間が1年しかなければ、最後にあそこに行っておきたい、あの人に会っておきたい……そんなことを考えたりするかもしれません。

でも、どこかに行きたい、昔の友人に会いたいなどといっても、計画通りにはいかないものです。

ニューヨークに駐在していたとき、エンパイアステートビルの最上階に一度は行ってみたいと思いながら、結局10年間の滞在中、実現することはありませんでした。

もちろん、ある場所に行って、やらなければならない用があれば、具体的に実行に移すでしょうが、漠然とああいうところに行ってみたいなと思っている限り、具体性を伴った計画は日々の忙しさにまぎれて、立てることすらできなかったりします。

学生時代の懐かしい友人に会いたいと思っても、先方の都合もあるでしょうし、地方に住んでいれば、なかなか会えるものではありません。

読みたい本をたとえば30冊選んだといっても、仕事や日々の雑事に追われてその冊数を集中して読むのはけっこう難しいでしょう。仮に時間がたっぷりあっても、病気などにより体調を崩して読む気分になれないかもしれない。

ことほどさように、たとえ1年であっても、思い描いた計画はその通りにならないことのほうが多いと思います。ですから計画通りにいかなくても、自分を責める必要はないし、そもそも死を目前にしながら計画を立てて何かをしようなどと思う人はあまりいないでしょう。

家族ともっと長い時間を過ごしておけばよかった、古い友人に会っておけばよかった——死が間近に迫っている人が後悔することの上位には、そうしたものがよくあがるそうです。

しかし、それまでの人生で、家族と一緒に過ごすことより仕事や趣味のことを優先してきたのは、そのときはそれが大事だと思ったからでしょう。古い友人に会っておけばと悔いても、連絡をとって会うための時間を割くより、仕事に集中することのほうが自分にとってはベストだと感じたわけです。

仮にそれが世間体や体面を気にしての行動だったとしても、やはりそれは、その人にとっての最善のことだったと私は思います。

ですから死の間際にもっとこういうことをやっておけばよかった、しまったなどと思うのは、いささか欲張りで、往生際が悪いかもしれません。反省なんか、しなくていいのです。

最後のときに、後悔というよりさまざまな思いにかられるのは、人間の業なのだと思います。反対に後悔やさまざまな思いがまったくないという人は、ある意味で普通の人とはどこか違うのかもしれません。

自らの人生を振り返って悔いることよりも、その日その日を自分なりに精一杯生きる。それで、十分ではないでしょうか。

「終活」をする必要はない

先日、あるインタビューで「終活はされていますか？」と聞かれました。

終活とは、人生の死期が近くなっていることを見越して持ち物を整理したり、死後、家族に迷惑がかからないよう遺言状をつくったり、お墓の準備をしたりすることだそうです。

終活はブームのようですが、以前に比べて社会に寛容さがなくなってきていることも、多少影響しているのかもしれません。つまり、人が人に迷惑や面倒をかけることに対して、社会の許容度が小さくなってきている。

誰かに面倒をかけて生きるのは、人間である限り、ある程度仕方ないことです。もちろん、面倒をかけないにこしたことはありませんが、最近は何かあるとすぐバッシング騒動になるネットの影響もあって、人に迷惑や面倒をかけることに対して、世間の眼が必要以上に厳しくなってはいないでしょうか。

終活にいそしむ人は、そうした世間の空気をどこかで感じているのかもしれません。

私自身は、終活らしきことは何もやっていません。まず終活をするような時間がないし、もし時間があるとしても、終活に時間を割くくらいなら、好きな本をもっと読むことを選ぶでしょう。

つまり、終活そのものに、さして関心がないということです。高齢になればたしかに余命は少ないわけですが、それでもいつ死ぬかなどということはまったくわかりません。神のみぞ知る、です。

　将来に向けてモノを整理するといっても、あと何年生きられるかわからないわけですから、使うモノは容易に捨てられないし、そう簡単にばさばさ処分できなかったりもする。

　本はたくさんありますが、モノはそうたくさんはありません。私が死ねばこうしたモノは全部まとめて一度に捨ててくれればいいだけのことです。葬式をこういうスタイルでやってほしいとか、戒名まで決めて準備する人もいますが、葬式は私が生前お世話になった人を呼んで普通にやってくれればそれでいい。戒名も家族が私らしいなと思うものをつけてくれれば、それでいい。

　モノの整理といえば、10年ほど前にたくさんあった蔵書を中国に寄贈したことくらいです。きっと終活らしき終活を、私は死ぬまでしないでしょう。

　亡くなってから家族の手を煩わせたくないという思いから終活をするのは悪いことで

はありませんが、死んでいく人間が生前使っていたものを残すことは当たり前ですから、そこに罪悪感のようなものを覚える必要はないと思います。

遺品の片づけは残されたものにとって面倒でしょうが、人が亡くなるとは、そういうものなのです。

老いていいことはあるのか

「老いていいことなんて何もない」

多くの高齢者はよくそういいます。しかし、本当に何もないなんてことはありえません。若い頃と比べてできないことが増えるから、あれもできない、これもできないとなって不幸な気分を募らせたりするのです。

たとえできることの数が減ろうと、できる範囲で楽しめることは、いくらでもあるはずです。「できない」ではなく、「できる」ことに目を向ければ、老いて身体が衰えようとも、生きる喜びはたくさんつくることができます。

では老いることは、すべてにおいて「できない」ことが増えていくだけのものでしょうか？　私はそうは思いません。

たとえば老いるということは、それだけたくさんの経験を積んでいるということです。その経験をどう生かすか。うまく生かせば、豊かな生き方ができるはずです。

仕事でもボランティアでも趣味の会でも、こんな場合はこうするといいといった知恵があれば、問題ごとや滞っている作業が解決できるでしょうし、下の世代に対してもいいアドバイスができるでしょう。

つまり、経験を積んでいれば、ある状況やものごとに対する総合的な判断力の質がそれだけ上がるのです。感情にあまり左右されることなく、対象と距離を置いて冷静にものごとを見られるようにもなる。問題となっているポイントをつかみ、解決への道筋がすっと見えたりする。経験をベースにした判断力や思考力が冴える点が、老いのアドバンテージではないでしょうか。懸命に生きてきた人であれば、確実に人としての器も大きくなっているはずです。

老いると何もかも衰え、ダメになっていく。そんな固定観念にとらわれていると、老いはますますつまらないものになっていきます。

老年なりの人生の楽しみ方がある

私は最近になって20歳の頃愛読したロマン・ロラン（１８６６〜１９４４年）の長編小説『ジャン・クリストフ』に再チャレンジしました。この本を読んだときの感動と情熱が懐かしく、また今の自分なら、それをどう感じるだろうかという興味があったのです。

ところが全部で２０００頁近くもある本ですから、それを読み通すだけの情熱がどうにも湧かない。昔なら読み流していたようなくだりに面白さを覚えたりもしたのですが、結局、全４巻のうち２冊を読んで本を置きました。

若いときはそれこそ寝食も忘れるくらい読み耽《ふけ》りましたが、あれから50年以上もの歳月が流れ、さすがに往時《おうじ》の熱い気持ちは甦《よみがえ》りませんでした。

このように読書では同じ本でも、そのときどきの年齢や条件によって感じ方やとらえ方が変わってきます。人生経験がまだ浅いときにはピンとこなかったものが、中年をすぎるとその深い味わいがわかったり、その反対に若いときには胸躍るようなストーリーが、年老いてから読むとそうでもなかったりすることがある。読み手にとっての旬の時期というものが、本にはあるんだと思います。深く感じたり、いろいろな気づきを多く与えてくれるタイミングが、いわば旬ということです。

本に限らず、ものごとには何でも旬というものがあると思います。たとえば、アスリートは心技体のバランスがもっとも整っているときが旬といえるでしょうし、仕事ではあの人は脂がのっていると評されるときが旬なのです。時宜《じぎ》を得て成功したプロジェクトは旬をつかんだといえるし、タイミングが早すぎたビジネスモデルは旬をつかみ損ねたともいえます。

面白いのは、仕事や人生には旬がいくつもあるということです。

壮年期には勢いのあるエネルギーを生かした仕事の仕方があるでしょうし、中年期をすぎれば、若いときには持ちえない熟練した技を生かした仕事がある。あるいは仕事の内容や環境によっても、その人の持ち味が発揮される場面は変わってくるでしょう。持てる力を一番いい形で使える旬の時期や場面が、人生にはいくつもあるわけです。

若いときにヒット作に恵まれ一躍脚光を浴びた俳優が、中年になって人気が陰り出し、いつの間にか姿を見なくなることがあります。ところが老年になってから、人生経験を重ねたことで醸し出される人間的な味わいが評判になり、映画やテレビドラマで引っ張りだこになる。こういうケースを見ると、仕事や人生には年齢や年代に応じて、いくつも旬の時期があるんだなと感じます。

だから、もう自分の旬はすぎたなと感じている人は、嘆くことはない。目標を持って努力をする、日々工夫をして面白い生き方をする……その人なりの努力を地道に重ねていれば、いつまたどんな形で旬がやってくるかはわかりません。

もちろん高齢になって、死ぬ直前で旬を迎えることもありうる。それまでの潮目が変わって、旬の季節が違う形で再びめぐってくる。人生の醍醐味とは、そういうものだと思うと、老年になっても人生は捨てたもんじゃないと思えるのではないでしょうか。

身体が老化しない人はいない

高齢になると、それほど長くは生きないんだから健康診断を受けても仕方ないという人がいます。

たしかに歯や眼や耳や足といった部位は衰えが目に見えてわかりますし、それが老化であることは明白なので、そうしたところの検査は不要かもしれません。

ただ人の身体は健康診断を受けないとわからない部分もたくさんあり、年齢に応じてかかりやすい病気もありますから、ちゃんと診てもらったほうがよいときもあると思います。

人間がつくったものにはすべて耐用年数がありますが、人の身体も同様に耐用年数があります。

たとえば、眼や耳などの器官、肺や心臓などの臓器は個人差があるでしょうが、専門家によれば、人の身体はおおよそ60年の耐用年数で設計されているといいます。

仮に60年とすれば、そこから先どれだけ長持ちさせるかは、努力次第ということになります。反対に使い方が雑だったりすれば、耐用年数よりも早くガタが来てしまうわけです。

老化にはシワができたり、背中が丸くなったりと外見にはっきりと現れるものもありますが、身体の内側においても同じように老化は進んでいます。ですから、胃もたれするなど消化が悪くなったり、排泄がスムーズでなくなったりと、いろいろなことが起きるのは当たり前です。

もちろん衰えを少しでも軽減する努力は大事でしょうが、必要以上に老いという自然現象にあらがっても詮《せん》ないことです。

繰り返しになりますが、私は高齢者だからといって健康診断は要らないとは思いません。個人によって身体の条件も違うでしょうし、ここは診ておいてもらったほうがいいなと判断されるものは、最低限しておいたほうがいい。悪化する前の初期段階で治療したほうが、完治はしなくても苦痛が軽減されることが多いからです。

現代は医療の発達などによって、かつてないほどの長寿社会が実現されています。寿命のスパンが著しく長くなったので、実年齢に7掛けしたものが感覚的には一昔前の年齢に相当する、という医療の専門家もいます。

仮にこの計算でいくと、50歳の人は35歳、70歳の人は約50歳です。それが妥当かどうかは別にして、たしかに一昔前の同じ年齢より見かけも気持ちも若い人が増えたのは事実です。

しかしながら健康の落とし穴は、そこにあると思います。

たとえば、60歳、70歳になってもまだまだ自分は若いと、意識的には40代や50代くらいの感覚でいる。でも身体のほうは間違いなく60歳、70歳なわけです。

ところが、自分は若いという意識が強すぎて、身体の老化や衰えを正しく認識できずに暴飲暴食を続けたり、無理を重ねたりする人がいます。身体にどこか異変を感じても、まだ若いんだから大丈夫だと言い聞かせて、受診を見送ったりする。

これはふだんから健康に自信のある人が、気づいたときには重篤な病にかかっていたという、よく見聞きするケースに通じるものがあります。

ですから、まだ自分は若いという意識があっても、身体は年齢相応に老化しているという認識はきちんと持っておくことです。老いを生きやすくするには、そうした割り切りも必要だと思います。

人生の計画を立てることに意味はあるか

会社をもうすぐ引退するという知人が先日、「僕は90歳まで生きることにしているんだ。それを前提にあんなこと、こんなことをしようと計画を立てていくつもりなんですよ」と喋っていました。

そう考えるのはもちろん自由だし楽しいことですが、私はそれを聞いてあまり意味があるとは思えませんでした。なぜなら人生なんて明日どうなるか、誰にもわからないからです。

最近、いつ会っても元気のかたまりのような友人が、階段から落っこちて背骨を折る重傷事故を起こしました。そのため寝たきりになってしまい、今後どうなるやらわからない状況です。

昨日まで溢れるようなエネルギーで仕事をこなしていた人間が突然、そうなってしまう。人生、本当に何が起こるかわかりません。

もちろん数カ月くらいなら、ある程度の予測は成り立つかもしれませんが、2年も3年も先のこととなると、予想なんてほとんど当てにならないでしょう。

ですから件《くだん》の人のように、リタイアから30年もの長いスパンで人生設計を思い描いたところで、ただの空想で終わるかもしれない。

長期にわたる計画は、たいていは三日坊主で終わってしまうのが関の山です。

たとえば5年以内に田舎に移住して農業を始めたいと思って、いざ具体的な計画を立てると、現実の厳しさが見え始めて頓挫してしまったり、あるいは気が変わって別のことをやりたいと思うようになるかもしれない。一方で農業をすることなどまったく人生計画になかった人が、何かのきっかけである地方に出かけ、そこでたまたま人の縁ができ、住み着くことになり、やがて農業を始めるというケースは十分ありえます。

企業の計画だって、あまり当てにならない。中長期で売上げをいくらにするだの、海外のどこそこに5年以内に進出するだのといった目標など、その通りにはならないことのほうが圧倒的に多いからです。

ところで、あらゆる目標やそれに付随する計画は、基本的にはよい方向へ向かうという予測を前提として考えるものです。

反対に悪い予測をすることは、よい予測をするよりも十分、現実的な意味を持ちえます。リスクヘッジになるからです。

会社の業績が絶好調のときは、「こんなことはずっと続かないぞ」と気を引き締め、先々躓《つまず》きかねない要素を事前に分析して、対策を練ることができます。

健康診断で何の問題もないという診断結果が出ても、この先年齢的にどうなるかわからないと思えば、節制した生活を続けることができます。

よい予測を元に長期で立てる計画は現実性に欠けるものの、反対に悪い予測をすることは、より現実的な効果があるわけです。

仕事をリタイアした後の第二の人生は独立してバリバリやろうと思い描いている人が、

ならないからです。

意外とその通りにならなかったりするのも結局、誰にとっても未来のことは当てにならないからです。

第二の人生というと、それまでの人生をリセットするというイメージですが、同じ人が同じ人生を生き続けるのですから、ガラッと変わることはほとんどない。今まで培って得たものを土台に、しかるべき準備を着々と進めておくことが、何より大切です。そうすれば、仕事を辞めた後の人生にもうまくつながっていくのではないでしょうか。

不精を自分に許す

生活というものは、雑事の連続です。仕事だって半分くらいは雑事かもしれません。そのくらい人生は雑事で覆われている。ですから雑事だからといって、いつも雑にすませていると、本筋の仕事も、生き方そのものも雑になってくると思います。

雑事といえども、一つひとつを丁寧に、ある程度の速さをもってこなしていく。こうした姿勢は大事なことです。

ただ、人間は完璧な生き物ではありませんから、雑事の中でもこれはそれほど大事なことじゃないから後回しでいいやとか、ほどほどのところでやっておけばいいやと手抜きをしたりしてしまいます。

私なんかは家で何か雑用があっても、読みたい本があれば、そっちを優先してしまったりする。それで後からワイフに小言をいわれたりするのですが、人に迷惑をかけない限りの不精は許されると思っています。

不精というのは、いい意味で生活におけるガス抜きです。不精ばかりしていれば怠けものになってしまいますが、適度に不精をするのは、むしろ生活や仕事をうまく回していく潤滑油になります。

高齢になってくると、若いときと違って身体は活発に動きませんから、自分が不精することをたまには大目に見てもいいのではないでしょうか。

上手な不精の仕方といったものがあるかどうかは知りませんが、ほどほどの不精は許されるという気持ちでいることは、こと高齢者にとっては精神衛生上もいいと思います。

永遠に続くフリーな時間をどう過ごすか

「退職してから、することがなくて困っています。どうしたらいいでしょう？」

そういって、私のところに相談にみえる人がたまにいます。

大きな会社の役員までいったある方は、仕事から退いた直後、これからは好きなゴルフがやり放題だと嬉しそうに話していました。

ところが、しばらくはゴルフ三昧の生活を送っていたそうですが、そのうち飽きてしまって、何もすることがなくなってしまったそうです。

何もすることなんてない、時間を持て余して苦痛だと嘆く人に、私は「じゃあ仕事でもすればどうですか？」とすすめますが、たいてい「今さらできる仕事なんてありませんよ」と返されます。

とはいえ、その気になれば、アルバイト的なことなど、ちょっとした仕事はあると思います。たとえば、スーパーの自転車置き場で自転車の整理をしたり、駐車監視員になって違反車両を探したりする高齢者の方を近所でもよく見かけます。

いくつになっても人の役に立とうと懸命に働いているのは、とても立派だと思います。

また、家でごろごろしているよりは、健康を第一に考え、外へ出て身体を使って何かできればという気持ちを抱いている人は少なくないと思います。

仕事は何も、お金を得るためだけのものとは限りません。道路や公園の清掃をするボランティアや、貧困や介護が必要で困っている人を援助するＮＰＯ法人だってある。その気になれば、どんな仕事だって見つけられるはずです。

私は会社を退いてからも、幸いなことに人様からいろいろと仕事を与えていただいていますが、もしそうしたものが一切なければ、何かのボランティアでも、身体を使ったちょっとしたアルバイトでも、気楽にトライしていたと思います。

仕事を狭い意味でとらえず、広い意味でとらえて自分には何ができるのか、あるいは社会への恩返しのような行動はできないのか。自分が持っている可能性について、よくよく考えてみるといいと思います。

人の役に立ちたいと思って行動を起こせば、必ず道は拓けていくものです。

「無聊《ぶりよう》を託《かこ》つ」という言葉がありますが、リタイアした人がすることがなくて困りがちなのは、現役時代のときとの意識の落差が大きな要因になっている気がします。一線で頑張ってきた、それなりにいい思いもした、辛いことも少なくなかったけど、努力をした分、納得感はあった――そんな気持ちの根っ子には、プライドがあります。しかし、このプライドこそが、現実の行動を妨げる軛《くびき》となっている可能性はありそうです。

その点、高齢の女性を見ていると、総じて男性より元気に生活を送っている印象です。へんにプライドに縛られたりせず、生活の変化に応じて柔軟に人生を楽しむ術《すべ》を心得ている人が多い気がします。

私は会社にいるときから、部長であっても社長であっても、会社の看板を外せば「ただの小父《おじ》さん」だと思っていました。高級車での送迎を断って毎日電車通勤したり、接待でワインを出されるときは必ず1万円以下のワインにしてもらったり、一皮めくれば「ただの人」にすぎないことを忘れたくなかったために、こと社長のときは自らの行動にさまざまな規範を課していました。

偉そうに社長という目線で世の中を眺めていては、常識からどんどんズレていくでしょうし、人々が何を求めているのかも見えなくなってしまいます。

現役のときであっても、会社や職業といった属性を外せば、誰しも同じように「ただの人」であることに変わりありません。

仕事を退いてからの時間の過ごし方に悩んでいる人は、そもそも「ただの小父さん」なんだという視点で今一度、自分を見つめ直してみるといいかもしれません。

「何もしない」ときの質を上げる

私の最大の休息は「寝る」ことです。社長の頃は目を配っていなくてはいけないことが絶えず山のようにあり、考えるべき案件も限りなくあり、起きている時間は一分一秒たりとも疎かにできませんでした。寝ることは、そんな緊張状態から解放される唯一の時間でした。

どんなにエネルギッシュな人であっても、フル稼働で動き続けることはできません。

機械でもたまに休止して油を差したり、点検して調子が悪いところを調整すれば、長持ちします。動かし続けているばかりでは、すぐにダメになってしまいます。

人間も同じように働きっぱなしでは、どこかで心身の調子を崩してしまう。私の場合は、いくら考えても仕事のいいアイデアが浮かばないときや、これ以上動くのはしんどいなと感じるときは、ともあれ寝るようにしています。どんなに脳細胞が興奮していても、生まれつき寝つきがいいのか、すぐに寝入ることができます。

現代人は睡眠が足りていないといわれています。ことに日本人は、その傾向が強いようです。経済協力開発機構（ＯＥＣＤ）の国際比較調査によると、日本人の睡眠時間は加盟国の中で一番短く、アメリカ、フランス、イギリスなどの欧米先進諸国と比べて1時間以上短いそうです。

睡眠不足は心身の不調を引き起こし、病気の原因にもなりやすいことから睡眠負債と呼ばれ、睡眠負債をいかに減らすかが健康的な生活をする上で、とても重要だといわれています。

人は起きているとき、絶えず何かを「する」状態にあります。こういうことをしよう、ああいうことをしようと常に目的を持って動いている。寝ることは「する」ことを一切止め、自分を何も「しない」状態に置くことです。

少し前からビジネスマンの間で流行《はや》っているマインドフルネス（瞑想）なんかも、あえて「する」ことを一時中止し、「しない」状態をつくることで、深い休息を得たり能力を活性化させようとするものです。

マインドフルネスは坐禅の影響を受けたもので、グーグル、フェイスブックなどアメリカのＩＴ企業に勤める社員の間で流行り、それが日本に入ってきて話題になりました。

「しない」ことは、「する」ことのための充電方法であり、「する」ことを生かすための条件です。ですから、「しない」ことの質を上げることは、「する」ことの質を上げることにつながるはずです。だからこそ、いい睡眠や休息が求められるのでしょう。

私は自分の睡眠が質のいいものかわかりませんが、あまり夢を見ることもないので、自分では深い眠り方をしていると思っています。

疲れがたまったり、思考が行き詰まったり、オイルが切れてこれ以上前に進めないというときは、寝るに限る。私にとって、転寝《うたたね》やいい睡眠に勝る習慣は今のところないのです。

第4章 自分の「善なる部分」を生かす

「悪い心」を持たない人はいない

人間の心は、わかるようでわからないものです。Aさんはこんな人で、こんなことを考えながら生きているんだろうな。なんて思っていたら、まったく違う別の面を知って意外な感じがした。そうした経験は誰しもあるでしょう。

では、自分の心であれば、他人よりはよくわかっているのかといえば、そうとはいい切れないところがある。あることについて感じたり、思っていたりしたことが、気がついたら別の考えや感情に変化していたということはままあります。

人の心は生きている限り、常に変化しています。3日前の自分が考えていることと、今この瞬間の自分が考えていることも、決して同じではない。ですから人の心とはそういうものだと思って、他人も自分も見るべきなのでしょう。

そうかといって、考えが常に定まらないことが、よいというわけではありません。自分という人間を向上させる上で必要と思われるもの、正しいと思うものは信念として持ち続けることも大事です。

人間には「動物の血」が流れていますから、自分本位に考えることは宿命ともいえます。それを、どれだけ理性でコントロールし、自分の中にある「善なる部分」を前面に打ち出すか。それによって、人間の器が決まるともいえます。

長年生きていると、悲しいこと、ショッキングなこと、不条理なことなどを経験します。若い頃にはわからなかった心の痛みを自分も経験することで、「涙もろくなった」という人も多いかと思いますが、それは心が成長している証しでもあります。

心だって生きています。よい心のときがあれば、悪い心を持つこともあります。

悪い心でいるときは、つい目をそらしたくなりますが、そういうときこそ、なぜそんな心の状態になっているのか、意識して向き合ってみる。悪い感情は、無理に打ち消す必要はありません。無理やりなくそうとすると、自分を偽っていることになるからです。

そうではなく、「自分はまだこの程度の人間なんだな」と、自分に対する認識を新たにする。そうやって自分という人間を理解していくことが、多少なりとも「人間の器」

を大きくすることにつながるのではないかと私は思います。

「死」を恐れない人の考え方

生きている人間で、死を経験したことがある人はいません。経験したことがないから死は想像がつかないし、ゆえに恐怖と不安の対象になってしまう。

こと今の社会では病院で死ぬことがほとんどなので、人の死を直接見る機会が昔と比べて少なくなっています。そこに死を忌まわしいものとして遠ざける風潮が手伝って、なおさら死は恐いものになっているのではないでしょうか。

死を経験したことのない哲学者や宗教学者が死の世界を考察したり、イメージしても、それはあくまでも虚構です。生きながらにして本当に死を理解できた人はいないでしょう。

医学がどれほど進歩しようと、わかるのは人間の身体の中のことであって、死後の世界は皆目わかりません。

生きながらにして死を経験した人はいないとはいえ、死の疑似体験をした人はゼロではないようです。

そういう体験をした人の証言を集めた『ライフ・アフター・ライフ』という本を、アメリカ駐在時に読んだことがあります。仕事がうまくいかなくてニューヨークの五番街をぶらぶら歩いていたとき、たまたま入った書店で見つけたのです。

その本に集められた話は、いったん病院などで死の宣告を受けた人たちのものです。誤診などで本当の死ではなかったことも考えられますが、それがなぜか生き返り、向こうの世界で見たことを喋っているのです。

作者不明の本ですが、内容については、キリスト教信者からかなり批判が出ていることを噂で知りました。生き返るなど彼らには許せない話でしょう。誰に貸したか忘れてしまったのですが、現在は知人の誰かが所有しているはずです。

興味深いのは、死の体験が皆似通っていることです。死ぬときは苦しみがなく、幸せな気持ちで向こうの世界に行っているのです。お花畑のような華やかな光景を見たという人も多い。おそらく死ねば、善人も悪人も同様に、このようなきれいな世界に行くのかもしれません。

こういう話を聞くと、死は恐くなくなります。

死に対する恐れというものは、生きることの姿勢にも深く関わっていると思います。

たとえばそのことを端的に表しているのが、冒険家と呼ばれる人たちです。先日、新聞で海洋冒険家の白石康次郎さんのインタビューが紹介されていました。

現在53歳の白石さんはこれまでヨットで世界一周を三度もし、もっとも過酷とされる４年に一度のヨットレース「ヴァンデ・グローブ」に２０１６年、アジア人として初挑戦して失敗。次は２０２０年11月８日にスタートし、二度目のレースに挑んでいましたが、２０２１年２月11日に完走。アジア人初の快挙です。

ヴァンデ・グローブというレースはおよそ3カ月かけて行われ、２０００時間ほとんどノンストップで身体や頭を動かしていないといけないといいます。一度に1時間以内の仮眠しかできないし、怪我をしても病気になっても休めない。船が壊れたら、自分で補修をして進まなくてはならない。体力、精神力の極限で挑む、この上なく厳しいレースといわれています。

完走率は50％程度。生きて帰ってこられるかもわからない。それでも挑戦するのは、生命を賭けた冒険がわくわくするほど好きだからだと白石さんはいいます。

白石さんにとって死は、生の最高の喜びとなら引き換えになっても仕方ないものであるかのようです。白石さんのような人を見ると、心底から人生を思いっきり生きている人は、死というものが普通の人よりも恐くないんだろうとさえ感じます。


生がある限り、まったく死が恐くないという人はいないでしょう。人はそう簡単に達観できるものではありません。

あれだけたくさんの死を見てきた医師の日野原重明さんですら、１０５歳で亡くなる直前に死ぬのが恐いといっていたのですから。

私にとっても死は未知なものゆえに、いくらかの恐さはあります。ただ、いつ死んでも後悔はしないという気持ちで毎日を過ごしていますから、大きな不安をもたらす対象ではありません。

自分のことばかり考えて自分の益になるようなことを常に追い求めている人は、自分への執着が強いがゆえに、死が一層不安の対象になるかもしれません。死は自分という存在が一切消滅する現象ですから、こういう人にとって死は、相当な不安をもたらすものになると思います。

今日「明日から本気を出そう」と思っても、明日になると手を抜いてしまい、また「明日から本気を出そう」と思って生きている人は、人生の手ごたえをいつまでたっても感じられないから、「まだ、死ねない、死にたくない」という気持ちが人より強いのかもしれません。

そう考えると、他人や社会のために一生懸命に仕事をしてエネルギーを注いでいる人は、死に対する不安が薄いかもしれません。自分は人や社会のためにこれだけのことをやってきたという使命感が、死を恐怖の対象から遠ざけるような気がします。

とどのつまり、死に対する不安や恐怖の程度といったものは、その人がどう人生を生きているか、どれだけ一生懸命生き、納得して日々を過ごしているか、そして人や社会のために力を使っているか、そうしたことに大きく関わっているのではないかと最近、考えるようになりました。

怒りの感情にかられたら「間を置く」

入社して間もない頃、私は義憤にかられて、思わず上司に大声で反抗してしまったことが何度かありました。

最初にやったのは若くて血気盛んな、会社に入りたての頃でしたが、30年以上たって役員になったときも、この血はあまり変わらなかったようです。

社長を含め、何人かの役員たちと料亭で会食をしていたときのことです。私の上にいる専務が社長に対して終始、おべんちゃらばかりいっているのが我慢ならなくなりました。

その専務が「社長のお話は本当に素晴らしいです」と何度目かのお世辞をいったときに、「貴様、いい加減にしろ！　社長が今いったことは全然いいことなんかじゃない！　お世辞にも程がある！」と酒の上とはいえ、机をたたいて怒鳴ってしまった。

相手は当然びっくりです。傍らにいた女将が「まあまあ、そんな大声を出してはダメですよ」と私の肩をたたきながら、たしなめてくれました。帰りの車の中で、しまったな、いいすぎたなと思いましたが、やってしまったものは仕方ありません。翌日、その上司のところに行って、「昨日はすみませんでした」と頭を下げましたが、相手はおそらくずっとこのことを覚えていたと思います。

このように上司に歯向かって怒りをぶつけることは、下手すれば左遷やクビになりかねないものですが、心のどこかで「これでクビならしょうがない」という覚悟のような気持ちもありました。

真剣に怒っているときには気持ちの余裕がありませんから、冷静に自分を見つめることなどできなくなります。

ただやはり振り返ってみると、自分はまだ修行が足りないなと思うのです。

人間の中には、本能で動く動物の血が流れています。この動物の血をいかに少なくして、理性で動く人間の血を増やすかが大切なわけですが、私は動物の血のままに動いてしまう愚かさが、まだまだあるんだと感じます。

怒りの感情は、それが真剣なものであれば、ときには出すほうがいいと思いますが、そういう怒りほど自分を正当化してしまう面もあります。

自戒を込めていえば、怒りの感情にかられたときは、いったん「間を置く」ということが大事だと思います。高ぶった感情と距離をとることで、動物の血はいくらか鎮まるからです。

怒りもそうですが、恨みや嫉妬といった負のほうへ自分を引っ張っていく感情に対しては、奴隷になってしまってはいけません。感情をうまくコントロールし、「感情の飼い主」になることを心がけるべきです。

感情の飼い主になるには、感情の性質を利用して、巧みに飼いならす工夫をすることも必要です。

たとえば嫉妬は向上心や競争心から生まれるものですから、うまく使えば自分を向上させる原動力になります。相手からバカにされたり、予想外に低い評価をくだされたときは、「今に見てろ」というハングリー精神に火がつき、それまで以上に努力をするかもしれません。

そうやって感情をうまく手なずけることができれば、負の感情に持っていかれることは少なくなるでしょう。

笑いたいときは笑い、泣きたいときは泣く。そうやって感情を思いっきり出すことも人間としては大事なことですが、悪いほうへ持っていかれそうになるときは、意識して感情の飼い主になる。このことは頭の中に常に入れておくといいと思います。

トラブルを自分磨きの手段にする

仕事や人生はいろんな問題の連続です。仕事をリタイアした人が、これからはゆったりした平穏な日々が待っている、自分のやりたかったことを存分にやってやるぞと思うとします。

しかし、波風が起こらない平穏な日々が長く続くなんて思わないほうがいい。さあ、新しい生活を始めるぞと意気込んでいたら、健康診断で異常が見つかり、精密検査をしたらがんが見つかったり、高齢の親の介護問題が起きたり、あるいは思いもよらぬ災害に巻き込まれたりと、人生は何が起こるかまったく予測がつかないものだからです。生きている限り、常に問題があるのが当たり前であって、問題があるからこそ人生なのです。

問題が起こったとき、それを嫌なものだととらえてしまうと、ただのトラブルで終わってしまいます。それではもったいない。トラブルは天が自分に与えてくれたものであり、自分を磨いてくれるものとしてとらえることが必要です。

そんな視点を持てば、いかなる問題も、自らを向上させてくれる「いい勉強」になります。

私は仕事で何か問題が起こったとき、自分は神から試されているんだという思いを持っていました。

「よし、来たな。やってやろうじゃないか！」

そう思って自分を奮い立たせ、正面からぶつかっていく気持ちで、事にあたっていました。損益にかかわる問題などはそれが大きければ大きいほど、何くそという気持ちで強く燃えたのです。

逆境という壁に出くわしたときは、自分の器を大きくする練習をさせてもらっていると思うことです。

問題を、ただの問題にしない。与えられた問題は常に自分という人間を磨くための手段なのだという視点を持つことです。そうすることで、問題はきわめてポジティブなものに変換されていくのです。

分相応になるべきか

悩みというのは、ある面、自分に合わないサイズの服を着ようとして四苦八苦する状態といえます。ああいうふうになりたいのになれない。面白く仕事をやって成功させたいけど難しい——。さまざまな欲求や夢が叶えられない状態に葛藤し、悩むのが人の常だからです。

そこから分相応という考え方も生まれてくるわけですが、分相応でいることの大切さと、努力をすることとの大切さは、また違う次元でとらえるべきだと思います。分相応でいればいいんだと考えていると、向上心を萎縮させる可能性もあるからです。分相応というのは、あくまで虚心坦懐《きょしんたんかい》に自分を見つめることが大事という意味で理解しておくのがいいと思います。

つまり、片方では謙虚な気持ちを忘れず、もう片方では自分を向上させるための現実的な努力を行う。そうすれば、自分に合わなすぎる服を着ようとして四苦八苦することはなくなるはずです。

もっとも服のサイズが身体に合わなければ、痩せる努力や身体を鍛えて筋肉をつける努力をしたっていいわけです。

サイズに合わないけれど、そのサイズの服を着たいとなれば、自分のほうを変えていく。たとえば、本を読んで知見を広め、考える力を磨く。多少ハードルが高くても、頑張って納得のいく仕事やボランティアをする。いくつになっても、自分の生き方を変えようとする努力が、結果的に人としての器を広げることにもつながっていくのだと思います。

結果が出ないときの努力は無駄になるのか

「終わりよければすべてよし」という言葉があります。果たして終わり、すなわち結果がよければ、過程がどうであろうといいのか？　そんなことはありません。

企業が自分たちの利益のために、他社の技術を不正に盗んで新製品を発売しても、それで「すべてよし」とはなりません。どこかの大国が自国ファースト主義で国際秩序を破ってまで自国の利益をはかるのであれば、やはり「すべてよし」とはいえないでしょう。

成果主義に走りすぎると、公正であるべき土俵を見失いがちになります。

お金が一番大事といった風潮になると、各々が金のためなら何でもやり、ときには犯罪に走るような人も出てきます。「結果のために手段を選ばず」になってしまう。

あくまで大事なのは、結果という目標を見据えながらも、一つひとつの過程を大切にしながら進むことです。

最近は社会に余裕がなくなっているのでしょう。企業の社員でも学生でも、とにかく結果を出せという圧力が昔に比べて強くなっているように感じられます。それゆえ、なおさら結果が何よりも大事という結果主義的な風潮になってきているのかもしれません。

もちろんいい結果を出すことは大事ですが、そのためには何をしてもいいということにはならない。過程がちゃんとしていれば、自ずといい結果になるものですが、そうならないことももちろんある。

では、過程においてベストを尽くしても、思うような結果にならなければ、その努力は無駄になるのかといえば、そんなことはありません。思っていた結果にならずとも、そういう結果になったこと自体は、やはりその人にとってのベストを意味するからです。

そして、そこでなされた努力は、また別のところで必ず生きてきます。努力というものを狭い範囲で切り取って見てはいけないのです。

Aという目的を遂げるためになされた努力が、結果的には無駄になってしまった。しかし、その努力は他のBやCという目的に向かって進むときに、必ず生きてくる。Aという目的にそった文脈の中でその努力を見るから、無駄だと判断してしまうだけなので、もっと広い文脈に努力を置いて、見るべきなのです。

努力は目的となる結果から逆算して、やり方を考えることも必要ですが、結果を求めて前のめりになりすぎないよう気をつけないといけない。同時に、一つひとつの過程を疎かにせず、絶えずベストを尽くす。その両方の視点を持って前に進んでいくことが大切です。

「いい人」願望の正体は虚栄心

私はツイッターやフェイスブックといったＳＮＳをやらないのでよく知らないのですが、ＳＮＳは人から「いいね！」という評価が欲しくてやる人が少なくないそうです。「いいね！」の数が多ければ多いほど、その人は自分の存在が社会から認められた気分になって、嬉しいと感じるのでしょう。

ただし、「いいね！」にも１００％評価する「いいね！」もあれば、50％評価する「いいね！」もあるのでしょうから、気持ちの幅がありすぎて、当てにならないものだと思います。

そんな「いいね！」で自己確認をして、しばしの自己満足を得られるとしても、それは自分に自信がないことの裏返しにすぎません。

ネット上で人からの評価を絶えず気にし、いい評価を求めることに腐心《ふしん》している人は、少し批判されたりするだけで落ち込んだり、攻撃的になったりすることがあるようです。しかし、見ず知らずの人から何といわれようと、他人はその場限りの印象や思いつきで何かいっているだけですから、そのことにいいも悪いもありません。真に受ける必要はどこにもありません。

その人のことをよく知っている身近な人からの評価や判断なら参考になりますが、そうではない人からの評価で落ち込むなどバカげています。

最近は世代が若くなるほど、人づき合いが淡泊だといわれます。恋人どうしでさえ、ひと月に1回ぐらいしかデートをしなかったり、深くつき合うことを避けたりする人も少なくないそうです。こうしたことはネットの影響も多分にあるのでしょう。

表面的な部分だけで軽くつき合い、深く交わろうとしないのは、傷つくのが恐いという心理が働いているからでしょうか。それは自分に自信がなく、自立した精神が育っていないからだと思います。その結果がSNSで「いいね！」という評価を求めたり、「いい人」と思われたい行動につながったりするのです。

ある社会学者が、今の日本人には他人の目線を気にして「いい人」として振る舞う「いい人」願望を持つ人が増えているといっていましたが、実際そうなのだと思います。

ですから「いい人」と思われたい人の「いい人」とは、自ら善を求めてではなく、傷つきたくない自己保身の欲求から成り立っている。

もっと突き詰めれば、「いい人」願望のさらに奥にあるのは虚栄心です。人から格好よく思われたい、自分を実力以上に見てもらいたい。こうした虚栄心は少なからず誰にでもあるものですが、「いい人」と思われたい人にも、根底には虚栄心があるのです。「いいね！」がつかないと落ち込んだり不安になるという人は、一度よく自分の内面について考えてみるといいと思います。「いいね！」を求める時間を他のことに費やしたほうが、自分の器を大きくすることに間違いなくつながるからです。

虚栄心は、強すぎるとよくないものです。強すぎると自己中心的な考え方が支配的になり、人を蹴飛ばしてでも己の欲を満たそうとします。会社でいえば、部下の手柄を自分のものにしてしまう上司なんかは、悪い虚栄心を持っているといえます。

とはいえ虚栄心は、ほどほどにある分には自分を向上させる原動力にもなりうるし、負けたくない一心で虚栄から生じた目標を達成することもできる。これはよい虚栄心です。ですから、虚栄心を一概によくないものとして否定する必要はない。

一見つつましく、いい人に見える人の中にも、根強く虚栄心は息づいている。この虚栄心は果たしていい虚栄かよくない虚栄なのか？　虚栄にとらわれることで人生の内実が貧しくなっているのなら、それはよくない虚栄ということになるでしょう。

いい虚栄とよくない虚栄の間で、いかにバランスをとるか。虚栄という断面から人を眺めるのも、人間という存在をより深く知る手がかりになるのではないかと思います。

自分の成長は「書いたこと」に表れる

知識や教養といったものは、人間の器をつくるのに欠かせないものです。知識をもたらし、教養を育んでくれる一番のものは、何といっても読書です。いろいろな本を読めば、自分にとって未知の世界が山ほどあることに気づきます。

そして、もっと知りたい、見たい、経験したいという好奇心や探究心を刺激してくれます。

読書の習慣は子どもの頃からつけるにこしたことはありませんが、その楽しさに気づくのは、大人になってからでも決して遅くはありません。

豊かな読書経験は、広い視野でものごとを考え、柔軟に想像力をめぐらすことを可能にしてくれます。

私は本を読んでいて心に刻まれたことや気になったことは、必ず読書ノートにメモをとるようにしています。

若い頃からずっとやり続けている習慣で、ここは大事だなとか、これは覚えておこうと思う箇所に付《ふ》箋《せん》を貼り、週末にそれらをノートにまとめるのです。

昔の読書ノートをひっくり返すと、こんなことに感銘を受けたのかとか、こんなことを考えていたのかといった新鮮な発見もあります。それは同じ本を時を隔てて読んだ際に、ひとしお感じることが多い。

たとえば、先述した全4巻からなるロマン・ロランの長編小説『ジャン・クリストフ』は私が若かりし頃、寝食も忘れ、読み耽った本ですが、50年以上の時を経て再び読んだ際には、以前感じたことや心に引っかかる箇所が違っていました。

どれほど傷つこうと、自分が信じる真実の道をめげることなく求めてやまない主人公の生き方には変わらぬ共感を覚えますが、この場面は今の社会ではありえないなあ、こういう言動をとらなくても別の道もあるのでは？　といったことを感じたりしたのです。

二度目は全巻読むことはしませんでしたが、年齢や経験の違いによって感想は変わるものだということがよくわかりました。

読書ノートを読み返すと、これまでの自分の人生の軌跡がすっと見えてくる。以前はこういう発想をしたけど、今はこういう見方や考えができるな、などと自分なりの成長や、ときに停滞を感じたりするのです。

人は自身の成長を感じたときに、深い喜びや充実感を覚えます。成長は、どれほど努力したかによっても変わってきます。

一生懸命努力をすれば、どこかで必ずそれまで眠っていたＤＮＡのランプが灯り、花開くときがきます。それは若い時分にやってくる場合もあれば、50代、60代でやってくることもある。ですから40代や50代といった人生の折り返し地点をすぎて芽が出なくても、決して悲観することはないのです。

日清食品の創業者、安藤百福《ももふく》さん（１９１０〜２００７年）がチキンラーメンを開発してヒットさせたのは50歳の頃ですし、伊能忠敬《いのうただたか》は55歳のときに、日本全土を実地測量するために歩き始め、17年かけて日本で初めて全国の地図（『大日本沿海輿地《よち》全図』）を完成させました。

成長の証しであるＤＮＡのランプが灯るのは、いつかわかりません。それでも日々ベストを尽くして努力を重ねる。自分が信じることをやり続ける。その果てに、きっと花開く瞬間があるのだと思います。

モノを丁寧に使えるか

コロナ禍の影響で、最近はゴミの量がものすごく増えたそうです。自宅で過ごす時間が多くなり、モノの整理や片づけをする人が増えたせいでしょうが、そもそも要らないモノが多すぎるのかもしれません。

モノがたくさんあるのは悪いことではありませんが、使い捨てのようにモノや服をどんどん買い、さして使いもしないうちに捨ててしまうというサイクルは、あまり好ましいものではありません。

大量消費と大量廃棄は環境問題に大きく関わることですし、モノを大事にしない生活は、生き方そのものにも影響すると思います。

企業は利潤をあげるために、新しい製品やサービスを次から次へと生み出しますから、消費者はそれに踊らされている面が強い。家電製品やＩＴ機器にしても、目先のちょっとした機能を変えるだけで新製品に仕立て、半年に1回のペースで発売する。そうすると、今持っているもので十分なのに、目新しさに惹かれて、つい新しい製品に買い換えてしまう。そんな人も少なくないでしょう。

私は、まだ使えるのに新しいモノに買い換えるということが好きではありません。服にしてもモノにしても丁寧に使っているせいか、持ちがいい。

以前乗っていたトヨタのカローラは、20年ものでした。トヨタの社長と会ったときにその話をしたら、「いい車、いっぱいありますから、ぜひ買い換えてくださいよ」なんて冗談まじりにいわれたこともありました。

でも故障などのトラブルもなく、ちゃんと走るものをわざわざ買い換える必要はないと思って乗り続けていました。

背広だってニューヨークの駐在時代に買った40年くらい前のものも、いまだに愛用しています。

アメリカに駐在する際、中学生のときに使っていた英和辞典をわざわざ持っていったくらいですから、もともと物持ちがいいのだと思います。

モノを大事にするということは、そのモノの歴史とともに生きるということでもあります。「この傷は、あのときこうしてできたものだな」とか「ここが剥げてしまったけど、かえって風情が出てきたな」とか、モノの歴史を自分の歴史のように感じることがあります。

こうしたことには、新しいモノをどんどん買っていく生活スタイルでは得られない人生の重みや味わいがあります。

欧州に住んだことのある日本人の多くが感じていると思いますが、欧州人は古いモノを大切にする習慣があり、こうした文化は見習いたいと思います。

時間、才能、環境、人間関係……与えられた、さまざまなものを大切に扱う。モノを丁寧に使い切るように、人生も丁寧に使い切るという姿勢こそが、器の大きな生き方につながるのではないかと思います。

「必然の運」は自分でつくり出す

人が何かを成そうと必死の努力をしているとき、しかるべき人と偶然に出会ったりして道が拓けるということがあります。

もっとも、これは不思議な力が運を呼び寄せるというレベルでの話ではありません。

懸命に道を探っているときは、アンテナがピンと立っています。強く何かを求めているときは、それに少しでも関連するものが視界に飛び込んでくると、ビビッとアンテナが反応するのです。ぼんやりしていれば見逃してしまうようなものに、直感的に目が行くのです。

傍から見れば、それは不思議な偶然の縁があって道が拓けたというふうにも映るかもしれません。でも、それは実はきわめて必然の道筋といえるものです。

運というものには、このように必然的に導かれるものもあれば、文字通り「たまたま」のものもある。

たまたまの運というのは、宝くじに当たるとか、自らの努力とは無関係なところで起こる人との出会いやさまざまな事象です。

一方、「必然の運」は、自分の努力や工夫によってもたらされるものといえるでしょう。

必然の運は、運という言葉でくくってよいのかわかりませんが、そのような努力ができること自体も、ある環境や条件のもとでこそ可能だったわけですから、やはり一つの運といっていいと思います。

「たまたまの運」は自力ではどうにもならないものですが、必然の運と呼べるものは、自分の手でつくり出せます。

必然の運を呼ぶには、さまざまな条件が整っていなくてはなりません。しかるべき準備をする、正しい道筋を考え、それに従って行動をする、チャンスが来たら素早くつかむ……そんな思考や行動の積み重ねが、必然ともいえる運を引き寄せるのでしょう。

つまり、運とか運命といったものは、ある程度、自分の努力によってつくられるものだということです。

「もう歳だから、運が舞い込むなんて期待できないよ……」なんていっている人には、当然訪れるはずもないですが、いくつになっても好奇心を持ってアンテナを張っている人には、次々と面白そうな運や縁が舞い込んできます。

これからの人生においては〝今〟が一番若いのですから、「歳だから……」という暇があれば、アンテナを張って行動を起こしてみましょう。

期待通りにならないことが多いのはなぜか

ものごとは、期待した通りにならないことが多いものです。反対に期待していなかったことが、意外ないい結果を出したりする。

相手が期待通りのことをしなかったとき、裏切られたという思いにかられるかもしれません。しかし、それは期待したほうに問題があります。

期待には願望がどうしても入ってしまうので、現実をかさ上げして見てしまう面があります。でも、現実から乖離《かいり》したところで相手に何かを望んでも、それはその人の勝手な思い込みにすぎません。

客観的に見て現実はだいたいこういうものだろう、目標や着地点はこのあたりが妥当な範囲だろう、そうした冷静な判断のもとに、対象となる人間やものごとを見れば、余計な期待は生まれません。

とはいっても、ついつい期待してしまうのが人情。ある程度は仕方がない面はあります。ただ期待外れの結果に終わっても、ひどく悔しがったり、怒ったりはしないことです。あくまで自分の見立てが甘かったんだと思えば、納得できるはずです。

さらに、自分はそもそも人からの期待に応えられているのか、ということも考えてみるべきです。家族、友人、上司、部下、取引先……自分を取り巻くさまざまな人たちの秘かな期待に応えるだけのことを日頃、十分にやっていないなと感じれば、人に期待ばかりするのはフェアではないと思えるでしょう。

たとえば喧嘩が多い夫婦は、互いに相手に対して期待をしすぎるのです。こういうことをしてほしいのに、あなたはやってくれなかった。そういって怒ったとしても、合意があったわけでなければ、相手にやってほしいと勝手に期待したことが問題なわけです。確実にやってほしいことは、心の中で期待するのではなく、きちんと相手に伝えるべきです。

部下に仕事を振って期待通りにいかず、「何やってんだ！」と怒ることがあれば、その前に部下の能力をちゃんと把握した上で仕事を振ったのかを考える。それをせずに上司の勝手な思い込みで仕事を振っているのなら、上司失格です。

このように自分の勝手な思い込みによる期待は、いい結果をもたらさないので、やめたほうがいい。相手に期待をする前に、「自分はやれるだけのことをやったか？」と振り返り、まずは自分が努力をする。何かに期待をしたいのであれば、自分に期待する。そうした姿勢をとると、面白いように結果が好転することがあるので、ぜひ試してみてください。

アフガニスタンに生涯を捧げた中村哲さん

冒頭でもふれましたが、アフガニスタンで長年活動していた医師の中村哲さんについて、最後にお話ししたいと思います。中村さんをご存知の方は多いと思いますが、どういう活動をしてきたのか、『天、共に在り』（中村哲著、NHK出版）から一部、引用させていただきます。

アフガニスタン復興は、今も茨の道である。この国を根底から打ちのめしたのは、内戦や外国の干渉ばかりではない。最大の元凶は、二〇〇〇年夏以来顕在化した大旱魃である。この農業国は、往時は完全な食糧自給を果たし、豊かな農産物を輸出して富を得ていた。それが、急速に進行する農地の沙漠化で廃村が広がり、流民が急増、食糧自給率はわずか五年で半減した。旱魃はなおも進行中である。しかし、派手な戦争報道を他所《よそ》に、このことはほとんど伝えられていない。これは重大な点なので、後で詳しく述べよう。

　私たちＰＭＳ（平和医療団・日本）はパキスタンの国境の町ペシャワールを拠点とし、一九九一年以来、アフガニスタン国内に三つの診療所を抱える医療団体であった。しかし、二〇〇〇年夏、その一つの「ダラエヌール診療所」周辺が甚《はなは》だしい旱魃被害に襲われ、一時は一木一草生えない沙漠に帰した。渓谷の住民たちは一斉に村を空けて退避、栄養失調と脱水で倒れる子供たちが急増し、赤痢《せきり》で死亡する者が後を絶たなかった。飢えや渇きを薬で治すことはできない。医療以前の問題である。そこで、アフガニスタン東部の中心地、ジャララバードに「水源対策事務所」を設け、医療事業と並行して、飲料水源の井戸を掘り、灌漑《かんがい》設備の充実を進めてきた。飢えは食糧でしか癒せない。そして、食糧生産は農業用水を必要とする。数千町歩を潤して緑を回復する「マルワリード用水路」は、その帰着点と呼ぶべきものだったのである。
「百の診療所より一本の用水路」と唱え、この約七年間、現場に張りついて指揮を取ってきた私は、このために全てを犠牲にした。現地三十年に迫る経験、いや、物心ついてから得た全ての知識と経験を傾注したといっても、決して過言ではない。

中村さんは何も最初から「国際医療協力」に興味があったわけではない、といいます。昆虫観察が趣味だという中村さんがアフガニスタンに初めて行ったのは、モンシロチョウの原産地だといわれるヒンズークッシュ山脈に山岳隊員として訪れたときだそうです。それから「天命とはいえ、数奇な定め」（同書）により、最後までアフガニスタンに住む人々のために、命を賭けて働き続けた。普通の人間には、なかなかできることではないと思います。

この状態の中で（編集部注／未曽有の旱魃に加え、診療所をはさんで反タリバン勢力とタリバン軍が対峙）、死にかけた幼児を抱いた若い母親が診療所にくる姿が目立って増えた。旱魃の犠牲

> 者の多くが幼児であった。「餓死」とは、空腹で死ぬのではない。食べ物不足で栄養失調になり、抵抗力が落ちる。そこに汚水を口にして下痢症などの腸管感染症にかかり、簡単に落命するのである。若い母親が死にかけたわが子を胸に抱き、時には何日もかけて歩き、診療所を目指した。生きてたどり着いても、外来で列をなして待つ間にわが子が胸の中で死亡、途方にくれる母親の姿は珍しくなかった。その姿は、およそ子供をもつ親なら涙を誘わずにはおれぬものであった。（同書）

中村さんは別の著書の中で、10歳で亡くなった息子さんについて語っていますが、子を亡くすという途方もない悔しさや悲しみを知っているからこそ、アフガニスタンで息絶えていく子どもたちを何とかしなければ、と強く感じたのかもしれません。

その息子さんは亡くなる前に、「人間は、いっぺんは死ぬから」といったそうです。苦痛は相当ひどかったはずなのに、苦しいとも痛いともいわず、世話してくれる人を気遣って、人間の宿命について言及した。人間の成熟度は年齢とは関係ないことがわかります。

もう一つ中村さんについて忘れてはならないことがあります。それは中村さんの灌漑事業は内乱が続くアフガニスタンに対する平和活動にもなっていたという点です。

アフガニスタンは長期にわたる紛争と政治的混乱によってインフラが破壊され、さらに頻発する旱魃によって経済は壊滅状態となっています。そのため食料、住居、医療の提供を満足に受けることができず、貧困に喘《あえ》いでいる人が無数にいます。

２０１８年、ＯＣＨＡ（国連人道問題調整事務所）はアフガニスタンにおいて餓死線上の人が３３０万人、飢餓線上の人が８３０万人、実に人口３０００万人の約３分の１にまで及ぶ飢餓人口の急増を訴えています。

中村さんが行った灌漑事業は、まさにこうした飢餓や貧困から人々を救うものでした。水さえあれば農作物を育てることができ、人々の暮らしは潤います。アフガニスタンは農業や牧畜に依存した農業立国ですから、規模の大きい灌漑は、この上ない恵みなのです。

国民のかなりの割合が飢餓状態に陥るほどの貧困は、テロリストが跋扈《ばっこ》し、慢性化する内戦の土壌となるものです。ですから中村さんの行為は、同時にアフガニスタンへの平和支援活動にもなっていました。中村さんご自身も、そのことは強く意識されていたはずです。

日本の平和憲法を高く評価していた中村さんは、自らそれを体現することを、秘かなミッションにされていたのだろうと私は思います。

日本の平和憲法によって、アフガニスタンにおける自分の安全は守られている。危険を避けるため宿舎から作業場へのルートや時間帯を毎日変えるなど念には念を入れていたという中村さんは、そう公言されていました。平和憲法という世界に類稀《たぐいまれ》な憲法を掲げた平和国家から来た人間であるがゆえに、敵だと見なされる確率が少ないという意味です。

日本は戦後、あれほどの経済成長を遂げ、さらに他国とは一切武力干渉をし合わず、文字通り平和憲法を守ってきました。世界の多くの国ができなかったことを実行してきたことに、アフガニスタンの人たちはとても尊敬の念を抱いていたそうです。

現在、日本の国内では平和憲法をめぐっていろいろな軋《きし》みが生じていますが、少なくとも海外諸国にとって日本が持つ平和憲法は畏敬《いけい》の対象であり、日本はそのような器を持つブランド国家として期待されていることを忘れてはならないと思います。

昨今の日本はアフガニスタンと戦争をしているアメリカに追随するなど、平和憲法によってつくられたレジームから脱却する動きをしています。憶測にすぎませんが、中村さんを殺害したテロリストは、もしかしたらそのことを敏感に感じ取っていたのかもしれません。

中村さんの凄いところは、旱魃や内戦、空爆で明日生きられるかわからないアフガニスタンで、誰に頼まれるわけでもなく、自発的に画期的な事業を成し遂げ、それが同時に命をかけた平和外交活動にもなっていたということです。これは、人間としてのスケールの大きさが桁違いだという他ないでしょう。私は、そこに限界を持たない「人間の器」を見る思いがするのです。

中村さんが秘めていた人間としての誇り。それは最終的に日本人という枠をも超えた根源的かつ普遍的なものであるはずです。

私たちもこのような誇りを胸に抱きながら、生きていきたいものです。そのことを心より願って筆をおきたいと思います。

著者略歴

丹羽宇一郎《にわういちろう》

公益社団法人日本中国友好協会会長。
一九三九年愛知県生まれ。
元・中華人民共和国駐箚特命全権大使。
名古屋大学法学部卒業後、伊藤忠商事（株）に入社。
九八年に社長に就任すると、翌九九年には約四〇〇〇億円の不良資産を
一括処理しながらも、二〇〇〇年度の決算で同社の史上最高益を計上し、
世間を瞠目させた。〇四年会長就任。
内閣府経済財政諮問会議議員、地方分権改革推進委員会委員長、日本郵政取締役、
国際連合世界食糧計画（ＷＦＰ）協会会長などを歴任ののち、
一〇年に民間出身では初の駐中国大使に就任。
現在、一般社団法人グローバルビジネス学会会長、伊藤忠商事名誉理事。

幻冬舎新書 616

人間の器

二〇二一年三月二十五日 第一刷発行
二〇二一年四月 十 日 第二刷発行

著者 丹羽宇一郎
発行人 志儀保博
編集人 小木田順子
編集者 四本恭子

発行所 株式会社 幻冬舎
〒一五一-〇〇五一 東京都渋谷区千駄ヶ谷四-九-七
電話 〇三-五四一一-六二一一(編集)
〇三-五四一一-六二二二(営業)
振替 〇〇一二〇-八-七六七六四三

ブックデザイン 鈴木成一デザイン室
印刷・製本所 株式会社 光邦

Printed in Japan ISBN978-4-344-98618-3 C0295
に-5-3

幻冬舎ホームページアドレス https://www.gentosha.co.jp/
＊この本に関するご意見・ご感想をメールでお寄せいただく場合は、comment@gentosha.co.jpまで。